AKTIV GUIDE

Die KOMPASS-Wanderkarte 1:25 000, Blatt 054 „Lana, Etschtal" stellt das Gebiet zwischen Meran im Norden und Andrian im Süden dar; in der Mitte liegt die Gemeinde Lana. Das südöstlich verlaufende Haupttal ist nach dem Fluss, der Etsch, benannt. Die Hochgebirgsketten im Osten und Westen der Etsch füllen zusammen mit den ihnen vorgelagerten Mittelgebirgsstufen und den sie durchschneidenden Tälern das Kartenblatt aus. Das auf dieser Karte dargestellte Gebiet gehört zur Provinz Bozen/Bolzano. Drei Täler münden in das Meraner Becken: der Vinschgau, das Passeier- und das Ultental. Im Ostteil der Karte sind die Sarntaler Alpen dargestellt.

ORTSBESCHREIBUNGEN

Die Telefon- und Faxnummern der Tourismusvereine finden Sie auf Seite 54.

BURGSTALL/POSTAL FG 2

Gemeinde, Provinz Bozen, Einwohner: 1860, Höhe: 270 m, Postleitzahl: 39014. **Auskunft:** Tourismusverein Lana und Umgebung. **Bahnstation:** Burgstall – Lana. **Busverbindung:** Burgstall – Meran, Burgstall – Bozen. **Bergbahn:** Seilbahn von Staffler nach Vöran.

Burgstall liegt in der Etschniederung am Westrand der sich bis an das Flussbett vorschiebenden Ausläufer des Vöraner Plateaus (Tschögglberg) mitten im Etschtaler Obst- und Weinparadies und vor den Toren Merans. Die Siedlung dehnt sich entlang der Provinzstraße Bozen – Meran aus und ist im Süden mit der 2,5 km entfernten Nachbargemeinde Gargazon bereits beinahe verschmolzen. Mit der gegenüberliegenden Großgemeinde Lana verbinden es eine sehr gute Straße und ein Radweg. Schon in alter Zeit war die Gegend wegen ihres Obstreichtums bekannt. Auf einer Anhöhe im Bereich der Kirche befand sich die ursprüngliche Siedlung. Dort auf einem Felsvorsprung stand die Burg des Ritters Volkmar von Burgstall (1280 – 1343). Er war der erste Landeshauptmann von Tirol. Die Ruinen dieser Burg sind durch die Freilegung der Grundmauern wieder sichtbar.

Sehenswert im Ort und in der Umgebung
Die von Graf Volkmar von Burgstall 1330 errichtete **Kapelle** wurde um 1500 umgebaut. – Der Spitzturm und Chor der einstigen **Dreikönigskirche**; daran angebaut die **Hl. Kreuzkirche** (1868) und Aufsatz des heutigen Spitzturms vom Kurat Johann Lun. Die heutige Dreikönigstafel in der Kirche, vom berühmten Maler Dill Riemenschneider (Bischöflicher Hofmaler), stammt noch von der damaligen Dreikönigskirche vom Jahr 1541. – Sehenswerter **Friedhof.**

Wanderungen und Bergtouren
Mehrere Kilometer Spazier- und Wanderwege führen auf den Erschließungswegen durch die fruchtbaren Obstwiesen. – Wanderung am Graf-Volkmar-Weg südwärts bis zur Talstation der Vöraner Seilbahn, ca. 2½ km. Ausgangspunkt ist die Pfarrkirche. – Nach Meran/Obermais: ab der Pfarrkirche zuerst am Graf-Volkmar-Weg nordwärts, anschließend zur Jausenstation Mitterwalder, dann vorbei am Schloss Katzenstein, Weg Nr. 1, 2½ Std. – Nach Meran/Obermais auf den Wegen Nr. 1A und 1 und westlich am Schloss Fragsburg vorbei, 2½ Std. – Nach Vöran im Aufstieg am Sunnseitnsteig über den Stegerhof, 2½ Std. – Von der Pfarrkirche nordwärts zur Jausenstation Wiesler, 563 m, ½ Std. – Zur Nachbargemeinde Gargazon: südwärts bis kurz vor den Stegerhof aufsteigen (ca. 900 m), von dort südwärts über Morosing hinab, ca. 3½ Std. – Auf den Rotensteinkogel, 1464 m: Auf Weg Nr. 1A nordwärts bis zum Zusammentreffen mit Weg Nr. 1; von dort in südöstlicher Richtung bis zum Wegkreuz beim Hütterhof, 1¾ Std.; nun in 1½ Std. auf den Wegen Nr. 11 und 14 auf den Gipfel. Der Aufsteig erfolgt von der Nordostseite. Am Gipfel befindet sich das sogenannte „Knottnkino“. Dieses Kino wurde vom Künstler Franz Messner im Jahr 2000 errichtet. Über 30 Sitzplätze aus Stahl und Kastanienholz, die an jene eines alten Kinos erinnern, wurden dafür auf einem kleinen Felsvorsprung, die Südtiroler nennen es „Knottn“, aufgestellt. Und sobald Sie Platz genommen haben, kann der Film auch schon losgehen: vor Ihnen zeigt sich ein atemberaubendes Panorama auf das gesamte Etschtal, den Penegal, die Dolomiten, das Weißhorn, das Ultental, die Texelgruppe, das Meraner Becken und das Passeiertal.

GARGAZON/GARGAZZONE G 3

Gemeinde, Provinz Bozen, Einwohner: 1690, Höhe: 270 m, Postleitzahl: 39010. **Auskunft:** Tourismusverein Lana und Umgebung. **Bahnstation:** Gargazon. **Busverbindung:** Bozen – Meran. **Bergbahnen:** Seilbahn Burgstall/Staffler – Vöran, Seilbahn Vilpian/Gemeinde Terlan – Gasthof Etschblick.

Gargazon ist ein freundliches Dorf an der großen Verbindungsstraße Bozen – Meran und heute ein Zentrum des Obstbaues. Der Gargazoner Bach, auch Aschler Bach genannt, bildete im Mittelalter die Grenze zwischen den Grafschaften Bozen und der um das Burggrafenamt erweiterten Grafschaft Vinschgau. Die Siedlung war auch Sitz eines so genannten Kleinen Gerichtes.

Sehenswert im Ort und in der Umgebung
Das 1337 erwähnte alte **Johanniskirchlein**, jetzt Totenkapelle. – Die **neue Kirche** wurde 1928 fertiggestellt. – **Bergfried** der vermutlich 1237 erbauten Burg, **Kröllturm** genannt (Trautson-Wappen über dem Eingang), ein alter Wachturm am Osthang des

Dorfes. – In unmittelbarer Nähe davon ein **Wasserfall** mit sieben Stufen. – Das **Eisloch**. – Das **Naturbad Gargazon**.

Wanderungen und Bergtouren

Nach Vilpian durch die Obstgärten entlang der Etsch, 1¼ Std. – Nach Tisens: Am Bahnhof Gargazon vorbei, über die Etschbrücke; weiter durch Obstgärten auf dem Moosweg (Weg Nr. 18) hinauf zum Ort, 2 Std. – Nach Lana: Am Bahnhof vorbei über die Etschbrücke und am orographisch rechten Ufer entlang bis zum Sportplatz und von dort auf der Straße Lana – Burgstall nach Mitterlana, 2 Std. – Nach St. Ulrich und Schlaneid: Zuerst nordostwärts hinauf zum Stegerhof (Weg Nr. 4); von dort südwärts weiter zum Leitner und Gatscher; 1 km östlich davon über den Aschler Bach, 1½ Std. Nun (Weg Nr. 13) über St. Ulrich, 1304 m, nach Schlaneid und zum Gasthof Etschblick, 1050 m, bei der Bergstation der Seilbahn, die uns ins Etschtal bringt, insgesamt 3 Std. – Die Wanderung zur Sattlerhütte, 1609 m, beginnt man am besten an der Bergstation der Seilbahn, die von Vilpian zum Gasthof Etschblick, 1050 m, führt. Von dort nach St. Ulrich, 1304 m; am Kreuz beim Hohlweg, 500 m nördlich der Kirche St. Ulrich, nordostwärts (Weg Nr. 15) meist durch den Wald zur Hütte, 2½ Std. Rückweg auf der gleichen Strecke; oder am Kreuz beim Hohlweg nach Norden (Weg Nr. 13) über den Aschler Bach und die Höfe Gatscher, Leitner und Steger zurück nach Gargazon.

Rundwanderweg

Panoramaweg von Gargazon: Ausgehend von der Staatsstraße beim Gasthof „Zum Turm“, den Vöraner Weg hinauf und man erreicht nach einigen hundert Metern das Hinweisschild „Zum Kröllturm“. Von dort mäßig steil hinauf zum Kröllturm, einem mittelalterlichen Bergfried. Linkerhand in der Schlucht stürzt der Aschler Bach über einen 40 m hohen Felsen. Auf dem selben Weg zurück bis zur Abzweigung Kröllturm und weiter in südliche Richtung zum Panoramaweg, vorbei an Felsformationen und über den neu errichteten Forstweg hinab zum Steinschlagschutzwall. Der Weg führt nun über den Schutzwall entlang der alten Staatsstraße Bozen – Meran zum Ende des Panoramaweges; hier geht es schließlich aufwärts über den Knottner- und Wolfsgrubenweg zur Wolfsgrube. Von dort aus steil abwärts zur Staatsstraße. Nach Überquerung der selben erreicht man entlang des Großackerweges durch Obstwiesen den Bahnhof von Gargazon und gelangt linksseitig der Etsch am Binnendammweg wieder zurück ins Dorfzentrum. Gehzeit: ca. 3 Std. – Rundwanderweg Gargazon – Tisens – Lana – Gargazon: Von der Ortsmitte Gargazon aus in Richtung Bahnhof, über die Etschbrücke geradeaus zum Berghang, den Moosweg aufwärts nach Tisens, von dort abwärts über die Jausens-ta-tion Gruberkeller, 608 m, vorbei am Schloss Leonburg und an der Burgruine Brandis; zuletzt über die Weinstraße zurück nach Gargazon. Gehzeit: ca. 4½ Std.

HAFLING/AVELENGO G 1

Gemeinde, Provinz Bozen, Einwohner: 760, Höhe: 1290 m, Postleitzahl: 39010. **Auskunft:** Tourismusverein Hafling – Vöran – Meran 2000. **Bahnstation:** Meran (10 km). **Busverbindung:** Meran – Hafling – Falzeben und nach Vöran. **Bergbahnen:** Seilbahnen, Sessel- und Schlepplifte (Skigebiet Meran 2000).

Das 27 km² große Hochplateau von Hafling schließt eines der beliebtesten Wander- und Skigebiete Südtirols ein. Hier endet der sogenannte Tschögglberg, der von Jenesien oberhalb Bozens herüberzieht. Die Gemeinde besteht aus dem Dorf Hafling, dem Oberdorf sowie den Ortschaften St. Kathrein und Falzeben. Das Kirchlein St. Kathrein in der Scharte zählt zu den charakteristischen Wahrzeichen des Landschaftsbildes über Meran. Aus dem kleinen Dorf hat sich der beliebte Luftkurort für Sommergäste und das Skigebiet „Meran 2000“ mit seinen idealen Möglichkeiten für den Wintersport entwickelt. Der Ort Hafling gab den berühmten Pferden seinen Namen!

Sehenswert im Ort und in der Umgebung

Das **St.-Kathrein-Kirchlein** aus dem Jahr 1291, im 17. Jh. umgebaut. Die Kirche ist entweder nur durch eine Öffnung im Portal oder bei einer Führung (auf Anfrage, Tel. 0473/279457) zu besichtigen. – Prähistorisches **Steinrelief** an der Außenmauer der **Pfarrkirche zum hl. Johann.** – Das Zuchtgebiet der **Haflinger Pferde** im Reiterhof Sulfner in St. Kathrein. Besichtigung täglich kostenlos möglich. – Freistehendes gotisches **Sakramentshäuschen** am Zugang vom Locherweg zum „Nusserhof". – **Mineralienausstellung** in **Falzeben**.

St.-Kathrein-Kirchlein mit Haflinger Pferden
Chiesetta di S. Caterina e cavalli avelignesi

Wanderungen und Bergtouren

Von St. Kathrein auf den Wegen Nr. 50 und 14 nach Falzeben, 1609 m, 1½ Std. – Von Falzeben auf Weg Nr. 14 zur Meraner Hütte, 1960 m, 1½ Std. Von dort auf den Wegen Nr. 13A, 17 und 17A zur Maiser Alm , 1783 m, 1½ Std. Zurück nach Hafling, insgesamt 5 Std. – Auf die Maiser Alm, 1783 m, zum größten Teil entlang des Almbaches (Weg Nr. 15A), 2 Std.; Rückweg über Falzeben (Weg Nr. 51), insgesamt 3½ Std. – Zur Leadner Alm, 1514 m: Südostwärts auf Weg Nr. 16 über den Gasthof Brunner, 1330 m, auf schöner Forststraße, 2 Std.; Rückweg nordwestlich am Hirschenbichl vorbei über den Lenkerhof, 1382 m, direkt oder über den Gasthof Alpenrose nach Hafling, Wege Nr. 11 und 12, insgesamt 4 Std. – Nach Vöran: Südlich von Hafling Dorf auf Weg Nr. 12; Abstecher auf den Rotensteinkogel, 1464 m (Wege Nr. 11 und 14), herrliche Aussicht von Bozen bis Meran; am Gipfel befindet sich das sogenannte „Knottnkino" (siehe unter **VÖRAN**); weiter über die Höfe Oberhauser und Steinmann nach Vöran, 2½ Std. – Auf den Hochsulfen, 1345 m, von St. Kathrein in ½ Std. – Zum Sulfnersee (besonders schön zur Zeit der Seerosenblüte!), ½ Std. – Nach Sarnthein: auf Weg Nr. 2 vom Dorf aus zur Wurzeralm, 1707 m, 1½ Std., und zur Vöraner Alm, 1873 m, 1 Std.; weiter zum Auener Joch, 1924 m, ¾ Std.; vorbei an der Auener Alm, 1798 m, und der Sarner Skihütte, immer auf Weg Nr. 2 und zum Ziel, insgesamt ca. 6 Std. – Vom Auener Joch nordwärts in ½ Std. zum Kreuzjoch, 2086 m, südostwärts in ½ Std. zu den Stoanernen Mandln, 2001 m, oder südwärts in 1 Std. zum Möltner Kaser, 1763 m, auf dem Europäischen Fernwanderweg E 5.

LANA/LANA — EF 2

Gemeinde, Provinz Bozen, Einwohner: 11930, Höhe: 300 – 1200 m, Postleitzahl: 39011. **Auskunft:** Tourismusverein Lana und Umgebung. **Bahnstation:** Lana – Burgstall (2,5 km). **Busverbindung:** nach Meran, Bozen und in das Ultental. **Bergbahnen:** Seilschwebebahn auf das Vigiljoch, Sessel- und Schlepplifte.

Die Gemeinde Lana setzt sich aus den Ortsteilen Ober-, Mitter- und Niederlana, 300 m, sowie den Fraktionen Völlan (Luftkurort), 696 m, Ackpfeif und Pawigl, 1200 m, zusammen. Bei Oberlana mündet das Ultental in das Etschtal, hier tritt der Falschauer Bach durch die wilde Gaulschlucht in die Ebene hinaus. Die vom Nonstal über das Gampenjoch (Passo Palade), 1518 m, führende Autostraße verläuft durch Lana und führt über Tscherms nach Meran. Dank des guten Klimas und der sorgfältigen Kultivierung

Blick auf Lana/Veduta su Lana

sogenannter Möser (Auen) gilt Lana heute als das Zentrum des Südtiroler Obstbaues. Im Ort bestehen verschiedene Industriezweige für Obstverwertung, außerdem gibt es noch Holzverarbeitungsbetriebe. Ursprünglich der Grafschaft Trient zugehörend, wurde das Gebiet 1253 den Tiroler Grafen zugeschlagen. Der Deutsche Ritterorden errichtete hier 1215 seine „Ordensballei an der Etsch". Der Orden hat hier noch immer seinen Sitz. Die in Lana sesshaften Grafen Brandis zählten zu den einflussreichsten Adelsherren des Landes. Das Hotel Vigilius, 1450 m, im Nordwesten Lanas ist mit der Vigiljochbahn, einer Seilbahn, erreichbar und Ausgangspunkt zahlreicher Wanderungen.

Sehenswert im Ort und in der Umgebung

In **Niederlana** die dem Deutschen Ritterorden gehörende **alte Pfarrkirche Maria Himmelfahrt** mit einem der wertvollsten spätgotischen Flügelaltäre Tirols, dem Schnatterpeckaltar, einem Werk von Hans Schnatterpeck. Dieser Altar ist ein besonderer Anziehungspunkt. Er hat vom Fußboden bis zur höchsten Kreuzblume eine Höhe von 14.1 m und ist mit zahlreichen Figuren geschmückt. Er zählt zu den größten Altarwerken der Gotik. In der Fastenzeit bleibt der Altar geschlossen. Die Pfarrkirche wurde anstelle einer romanischen Kirche errichtet und 1492 geweiht. – Weiters in **Niederlana** das **Obstbaumuseum** im mittelalterlichen Ansitz Larchgut: auf 2000 m² Ausstellungsfläche umfassende Dokumentation zur geschichtlichen Entwicklung und der aktuellen Situation des Obstbaus in Südtirol. Öffnungszeiten: Mitte März – Ende Oktober, Montag – Samstag 10 – 17 Uhr (im Juni auch samstags geschlossen). Führungen in deutscher Sprache finden jeden Mittwoch um 11.15 Uhr statt. Anmeldung unter: 0473/564387 – In **Mitterlana** wurde die **Hl. Kreuz Kirche** 1938 erbaut; Orgelwerk, Turmdach „Lanaer Apfel". – Weiters in **Mitterlana** die **Margarethen-Kapelle**; dabei handelt es sich um eine Drei-Apsiden-Kirche im romanischen Stil mit einem umfangreichen Freskenzyklus aus der Zeit um 1215. 1965 und 1982 wurde die Kirche restauriert. Eine Besichtigung ist nur im Rahmen einer Ortsführung möglich. Die Kirche ist ein Geschenk von Kaiser Friedrich II. an den Deutschen Ritterorden. – Von April bis Ende Oktober finden **kulturgeschichtliche Ortsführungen** statt. Informationen beim Tourismusverein. – Die **Burgruine Brandis**, 12. Jh. (keine Besichtigung möglich). – Über der Gaulschlucht befindet sich das **Schloss Braunsberg** (keine Besichtigung möglich) mit der St.-Blasius-Ka-

Der Schnatterpeckaltar in der Pfarrkirche Maria Himmelfahrt
L'altare di Schnatterpeck nella Parrocchiale dell'Assunta

pelle. – **Schloss Leonburg**, 13. Jh. – **Mayenburg** (keine Besichtigung möglich). – In **Völlan** die **Pfarrkirche** mit sehenswerten Fresken. – Weiters in **Völlan** das interessante **Bauernmuseum**; gezeigt werden alte bäuerliche Geräte und Einrichtungsgegenstände. Öffnungszeiten: Ostern – Allerheiligen Dienstag + Freitag 14 – 17 Uhr, Sonntag 15 – 17 Uhr. – Das **St.-Hippolyt-Kirchlein**, 13. Jh. – Die **Gaulschlucht** (im Sommer finden hier Freilichtspiele statt). – Die **St.-Magnus-Kapelle** befindet sich am ehemaligen Gutshof des Benediktinerstiftes St. Mang/Füssen am alten Ultnerweg. Die Kreuzkuppelkirche wurde im 18. Jh. geweiht. Lebensgroße Plastiken der hll. Magnus, Benedikt und Scholastika sind am Hochaltar. Den Schlüssel für die Besichtigung der Kapelle gibt es im nahen Gagerserhof. – Wandern am **Skulturenweg**: durch die Gaulschlucht und an der Ländpromenade zum Biotop Falschauer Mündung. – **Obstwiesenführungen** mit Apfelverkostung (März – Oktober). – Wanderung am **Kultur-** und **Naturlehrweg Aichberg**.

Ars distillandi
aurum potabile
Wir benutzen nur das Kostbare, was die Williams-Birne hergibt. Dieser Edelbrand - Digestif par excellence - ist das erste und älteste Produkt im Hause Pircher. www.pircher.it
ORIGINAL SINCE 1884
PIRCHER
WILLIAMS
SÜDTIROLER WILLIAMS-CHRIST EDELBRAND
Acquavite di Pere Williams
PIRCHER
PIRCHER
Das Beste zum Schluss.
www.pircher.it

Lana: Schloss Braunsberg/Lana: Castel Braunsberg

– Eine Wanderung lohnt sich in **Völlan** am **Kastanienerlebnisweg** (Fotos, Informationen und Spiele rund um die Edelkastanie erwarten die Besucher; Länge: 2 km).

Wanderungen und Bergtouren
Zur Bärenbadalm, 1700 m: Von der Bergstation der Vigiljochbahn (Seilbahn), ca. 2¼ Std. oder von der Bergstation des Sesselliftes, ca. 1¼ Std. – Von Oberlana in die Gaulschlucht: Über den Falschauer Bach auf der Straße Tscherms – Oberlana und flussaufwärts in die Schlucht, ½ Std. – Rundweg: Oberlana – Völlan – St.-Hippolyt-Kirchlein – Schloss Leonburg – Niederlana – Oberlana: Von Oberlana südwärts auf der Gampenjoch-Straße, nach ca. 500 m nach Rateis (Weg Nr. 6). Von dort (Wege Nr. 10B und 10) bis zur Fahrstraße und westlich vorbei an der Mayenburg, 1½ Std. Weiter auf Weg Nr. 10 nach Völlan, ½ Std. Am Weg Nr. 8 hinauf zum Obermayerhof und von dort zum St.-Hippolyt-Kirchlein, ½ Std. Nun den Hügel abwärts, am Tunnel der Gampenjoch-Straße vorbei, auf die Straße Naraun – Tisens, bis der Fahrweg zurück nach Niederlana abzweigt, vorbei am Plattnerhof, am Schloss Leonburg und an der Burgruine Brandis, immer auf Weg Nr. 5, 1¾ Std.; auf der Straße weiter zum Ausgangspunkt, insgesamt ca. 5 Std. – Auf die Naturnser Alm, 1910 m: Mit der Vigiljochbahn (Seilbahn) zum Hotel Vigilius, 1450 m. Von der Bergstation aus auf Weg Nr. 34 zum Vigiljoch, 1743 m, dann weiter auf den Wegen Nr. 9 und 30 zur Alm; zurück auf dem gleichen Weg, insgesamt 6 Std. – Auf den Laugen, 2434 m: Mit dem Autobus auf das Gampenjoch, 1518 m; von dort zweigt westwärts der Weg Nr. 133 (A.-Bonacossa-Weg) ab. Über den Laugenbach hinweg, an der Legerhütte und dem Laugensee vorbei zum Gipfel, ca. 3½ Std. (nur für Geübte). – Vom Gampenjoch ostwärts auf Weg Nr. 50 über das Mittagsschartl, 1647 m, auf den Tillberg, 1760 m, 1½ Std. (mittel).

Marling liegt an der Etsch/Marlengo è solcato dall'Adige.

MARLING/MARLENGO E 1

Gemeinde, Provinz Bozen, Einwohner: 2630, Höhe: 363 m, Postleitzahl: 39020. **Auskunft:** Tourismusverein Marling. **Bahnstation:** Meran. **Busverbindung:** nach Meran.

Die Gemeinde Marling am rechten Etschufer ist Meran unmittelbar benachbart. Durch ihre Lage am Fuß des Marlinger Berges ist sie windgeschützt und ermöglicht während der heißen Jahreszeit einen angenehmen Aufenthalt. Prächtige Bauernhöfe, sehr viele Pensionen und Gaststätten prägen das abwechslungsreiche Landschaftsbild zwischen den Weinbergen und Obstwiesen. Die Siedlung, die bereits im 13. Jh. als Merninga genannt wird, gehörte einst zur Grafschaft Eppan-Ulten. Mit dem Aussterben dieses Welfengeschlechtes erhielten die Grafen von Tirol Marling als Lehen und übernahmen es mit den benachbarten Ortschaften in ihr Burggrafenamt.

Sehenswert im Ort und in der Umgebung

Die neugotische **Pfarrkirche Maria Himmelfahrt** (1889). Von der ursprünglich romanischen Kirche sind nur mehr der Glockenturm und die als Sakristei dienende Seitenkapelle erhalten. Fresken und Holzskulpturen. Beim Umbau stieß man auf Reste einer alten Opferstätte. Sehenswert sind das Mosaik, die Kreuzwegstationen, die Kreuzigungsgruppe und die vier Reliefs aus dem 16. Jh. – Oberhalb vom Waalweg die **St.-Felix-Kapelle** (vor 1500) mit einem offenen Brunnen im Langhausboden, dem vom Volk Heilkräfte zugeschrieben werden. – Von April bis Oktober werden vom Tourismusverein **kunsthistorische Dorfführungen** angeboten. – Erholung am **Trimm-Dich-Pfad**. – Im Frühjahr und Spätsommer finden Begehungen des **Apfellehrpfades** sowie eine Besichtigung der Obstgenossenschaft Cofrum statt. – **Besichtigung** und **Verkostung** sind im Weingut Popphof, in der Kellerei Meran Burggräfler und in der Privatbrennerei Unterthurner möglich. Informationen beim Tourismusverein!

Der Marlinger Waalweg

Die Karthäusermönche in Schnals konnten im Laufe der Jahrhunderte ihre wirtschaftliche Macht so weit ausdehnen, dass sie fast zwei Drittel der Schnalser Höfe und Almen in ihren Besitz brachten. Im 18. Jh. erwarb das Kloster auch einen Hof in Marling. Um diesen gewinnbringend bewirtschaften zu können, begannen die Mönche Waale für die Bewässerung zu bauen. Die Bauarbeiten dauerten von 1737 – 1757. Auch heute bringt der Waal immer noch Wasser nach Marling. Wenn er auch an manchen Stellen verrohrt und ausgebaut ist, so gehört sein Begleitweg doch zu den beliebtesten Wanderwegen im Burggrafenamt. Dieser 13 km lange Waalweg führt oberhalb Marlings von der Töll kommend längs des gleichnamigen Bewässerungs-Waales bis Oberlana (landschaftlich besonders reizvoll!), ca. 5 Std. Auf einem 2 km langen Teilstück des Waalweges wurde ein **Waldlehrpfad** eingerichtet. Dort kann man Interessantes und Neues rund um den Wald entdecken.

MERAN/MERANO — EF 1

Stadtgemeinde, Provinz Bozen, Einwohner: 39460, Höhe: 324 m, Postleitzahl: 39012. **Auskunft:** Marketinggesellschaft Meran, Gampenstraße 95 und Kurverwaltung Meran, Freiheitsstraße 45. **Bahnstation:** Meran (Zugverbindung nach Mals/Vinschgau und Bozen). **Busverbindung:** nach Naturns, Schlanders, Bozen, Fondo, in das Schnals-, Passeier- und Ultental. **Bergbahnen:** Zahlreiche Seilbahnen, Sessel- und Schlepplifte (Skigebiet Meran 2000).

Die Pfarrkirche von Meran, im Hintergrund die Kirchbachspitze
La Parrocchiale di Merano: sullo sfondo la Croda del Clivo

Meran: Brücke über die Passer/Merano: ponte sul Passirio

Meran wurde von den Kelten gegründet. Die Namen der Ortsteile Ober- und Untermais erinnern an die lateinische Bezeichnung Castrum Maiense. Um Meran wirkte der Räter-Apostel St. Valentin; im Jahre 730 starb hier Korbinian, der erste Bischof von Freising. Die Grafen von Vinschgau erhielten Meran 1234 von den Bischöfen von Trient als Lehen. Zur Stadt erhoben wurde es 1317. Seit 1363 war Meran über 100 Jahre die Hauptstadt Tirols. Zur Zeit Andreas Hofers war es Schauplatz des Tiroler Freiheitskampfes (1809). 1814 wieder österreichisch, entwickelte sich die Stadt, besonders nach der Mitte des 19. Jh., zu einem Kurzentrum von internationalem Rang in einer herrlichen Erholungslandschaft. Das radonhaltige Heilwasser hilft bei Kreislaufstörungen, rheumatischen Erkrankungen, chronischen Gelenksleiden, chronischer Erkrankung der Atemwege, etc. Weltberühmt ist weiters die Meraner Kurtraube, ein bewährtes Kurmittel gegen Erkrankungen der inneren Organe. Die Therme Meran hat täglich geöffnet!

Sehenswert in der Stadt und in der Umgebung

Die gotische **Stadtpfarrkirche St. Nikolaus** ist ein großer dreischiffiger Hallenbau. Der 83 m hohe Turm gilt als Wahrzeichen der Stadt. Von besonderer künstlerischer Bedeutung sind die Altäre und die Kanzel. – Hinter dieser Kirche die gotische **Barbara-Kapelle**, ein schöner achteckiger, zweigeschossiger Bau mit einem Sternrippengwölbe. – Der **Pulverturm** ist ein Bergfried der ehemaligen Burg Ortenstein, die 1327 erstmals erwähnt und 1629 als Pulver-Depot verwendet wurde. Von hier aus hat man eine schöne Aussicht auf die ganze Stadt. – Die **Spitalkirche zum Heiligen Geist** wurde im Jahr 1271 von Meinhard II., Graf von Tirol, gestiftet. Die Kirche wurde 1419 durch eine Überschwemmung der Passer völlig zerstört. Der Wiederaufbau wurde im Jahr 1483 vollendet. – Die **Landesfürstliche Burg** stammt aus dem 15. Jh.; sie war die Stadtresidenz von Herzog Sigmund. Sehenswert ist die gotische Einrichtung. Sie zählt zu den besterhaltenen und vollständigsten Burgen Südtirols! Sie zeigt historische Waffen und das Leben im Spätmittelalter. Öffnungszeiten: 1 Woche vor Ostern – 6. Januar,

Dienstag – Samstag 10.30 – 17 Uhr, Sonntag und Feiertag 10.30 – 13 Uhr, Telefon: 0329/0186390. – Das **Palais Mamming Museum (ehemals Stadtmuseum)**: Lokalmuseum mit Abteilungen zur Ur- und Frühgeschichte (u. a. sind hier zwei Menhire, das sind Kultsteine ca. aus dem 2. Jahrtausend vor Christus zu sehen, die in Algund gefunden wurden!), Volkskunde, Mineraliensammlung, Skulpturen aus der Gotik und Gemälde vom 17. – 20. Jh., vornehmlich Tiroler Herkunft. Pfarrplatz Nr. 6, Öffnungszeiten: Ostern – 6. Januar, Dienstag – Samstag 10.30 – 17 Uhr, Sonntag und Feiertag 10.30 – 13 Uhr, Tel. 0473/270038. – Im **Frauenmuseum** sind 200 Jahre Frauengeschichte durch Sammlerstücke dokumentiert: Frauenkleider, Accessoires und Alltagsgegenstände erzählen von den verschiedenen gesellschaftlichen Rollen und der Entwicklung der Frau, eine europaweit einzigartige Sammlung. Adresse: Meinhardstraße 2 (im Haus der Volksbank); Öffnungszeiten: Montag – Freitag 10 – 17 Uhr, Samstag 10 – 12.30 Uhr. – Das **Jüdische Museum** und die **Synagoge** (1901 in der heutigen Schillerstraße errichtet): Die jüdische Kultusgemeinde Meran war von ca. 1900 bis zum Ausbruch des 2. Weltkrieges von großer Bedeutung. Im Museum erhalten Sie Informationen über jüdisches Brauchtum, die Geschichte der jüdischen Kultusgemeinde in Meran und die Zeit der Judenverfolgungen. Öffnungszeiten: Ganzjährig, außer an jüdischen Feiertagen; Dienstag und Mittwoch 15 – 18 Uhr, Donnerstag und Freitag 9 – 12 Uhr. – **Andreas-Hofer-Denkmal**. – Sehenswerter **Altstadtbereich:** Das **Vinschgertor, Passeiertor** (hoher, schlanker Torturm mit Spitzbogentor und Giebeldach) und **Boznertor** (an der Südseite in Stein gemeißelte Wappen von Österreich, Tirol und der Stadt Meran) gehören zur alten Stadtbefestigung aus dem 15. Jh. – Weiters im Altstadtbereich die bekannten **Lauben**: Meinhard II., Graf von Tirol, ließ in der Mitte des 13. Jh. die Laubengassen errichten (400 m lang!), die den Pfarr- mit dem Kornplatz verbinden. Die Fassaden der Häuser wurden zwischen dem 16. und 17. Jh. größtenteils umgestaltet, häufig wurden sie mit Erkern ausgestattet und reich verziert. Die Lauben sind die Haupteinkaufstraße Merans. – Das **Kunst Haus Meran**: Auf einer Ausstellungsfläche von 500 m² werden im Haus der Sparkasse unter den Lauben (Laubengasse 163) Ausstellungen, Konzerte,

Wasser- und Terrassengärten von Schloss Trauttmansdorff
I giardini acquatici e terrazzati di Castel Trauttmansdorff

Geologisches Mosaik in den Gärten von Schloss Trauttmansdorff
Mosaico geologico nei giardini di Castel Trauttmansdorff

Lesungen, Seminare, etc. organisiert. Öffnungszeiten: Ganzjährig, Dienstag bis Sonntag 10 – 18 Uhr. – Das **Stadttheater** (nur bei Vorführungen, Konzerten, etc. zu besichtigen) ist ein architektonisches Juwel aus der frühen Jugendstilzeit mit klassizistischen Elementen. Es wurde 1901 nach Plänen des Münchner Architekten Martin Dülfer gebaut. Es beherbergt eine kleine, aber wertvolle Bibliothek mit den deutschsprachigen Texten aller Theaterstücke, die dort zwischen 1900 und 1930 aufgeführt wurden. – Das **Kurhaus** (nur bei Vorführungen, Konzerten, etc. zu besichtigen) ist ein prachtvoller Jugendstilbau nach Plänen des Architekten Friedrich Ohmann, das 1914 eröffnet wurde. Der große Kursaal hat 1000 Sitzplätze. Das Haus dient als Mehrzweck- und Kongressgebäude. – Die moderne **Therme Meran** liegt ein paar Gehminuten von den Lauben und der Kurpromenade entfernt. Architekt war Matteo Thun. Herzstück der Therme ist der gläserne Kubus. 25 Pools im Innen- und Außenbereich sowie acht Saunen bieten alle Facetten der Entspannung und Erholung. Verweilen kann man im Sommer auch im Thermenpark mit Seerosenteich und Badeparcours. – **Parkanlagen** und **Promenaden**: Z. B. der Marconi-, Schiller- und Maiserpark; der Tappeiner-Weg, Gilf-, Passer-, Sommer- und Winterpromenade. – **Zenoburg** (in Privatbesitz, nicht zu besichtigen), einstige römische Befestigungsanlage mit St.-Zeno-Kapelle. – **Schloss Winkel** (in Privatbesitz, nicht zu besichtigen), Renaissancebau, zeitweise Sitz der Herzogin Claudia Medici von Tirol. – **Schloss Rubein**, 13. Jh., Heimat des Minnesängers Berthold Rubein, der ein Schüler von Walther von der Vogelweide war. – **Schloss Rametz**, 13. Jh., inmitten berühmter Weinberge; **Museums- und Schlosskellereibesichtigung** mit fachkundiger **Weinverkostung** und **Weinverkauf**. – Die **Gärten von Schloss Trauttmansdorff**, Südtirols Ausflugsziel Nummer 1, zeigen von Anfang April bis Mitte November in einem natürlichen Amphitheater über 80 Gartenlandschaften mit Pflanzen aus aller Welt. Zahlreiche Erlebnisstationen und bunte Veranstaltungsreihen begeistern Jung und Alt und machen den Gartenbesuch zu einem Erlebnis für alle Sinne. Von der prachtvollen Blüte tausender Tulpen bis zur Herbstfärbung verwöhnen die Gärten immer wieder mit musikalisch-kulinarischen Highlights. Im Zentrum der Gärten thront das **Schloss**: Wo einst Kaiserin Elisabeth zur Winterkur weilte, zeigt heute das **Touriseum**, **Südtiroler Landesmuseum für Tourismus**, 200 Jahre bewegte alpine Tourismusgeschichte. Öffnungszeiten: Ende März – Mitte Oktober 9 – 19 Uhr, Mitte Oktober – Ende Oktober 9 – 18 Uhr, 1. – 15. November 9 – 17 Uhr, im Juni, Juli und August Freitag 9 – 23 Uhr. Kein Ruhetag! – Der **Sissi-Weg** führt von den Gärten bis in das Stadtzentrum von Meran. – Folgende **Schlösser** können nicht besichtigt werden, da sie sich in Privatbesitz befinden: Goyen, Knillenberg, Reichenbach, Planta, Burg Katzenstein, Forst. Folgende wurden zu Hotels umgebaut: Rundegg, Labers, Fragsburg. – **Österreichisch-ungarischer Soldatenfriedhof** aus dem 1. Weltkrieg und deutscher **Soldatenfriedhof** aus dem 2. Weltkrieg. – Zu besichtigen ist das **Schloss Tirol** (siehe **TIROL**). – Der **Meraner Pferderennplatz** (Gampenstraße 9) zählt zu den schönsten und größten Anlagen für Hürdenrennen in Europa. Die Rennsaison geht von Mitte Mai bis Mitte Juni und von Ende Juli bis Ende Oktober. Der „Große Preis von Meran“ findet am letzten Sonntag im September statt! – Die **Meranarena** (Gampenstraße 74) ist ein Mehrzweckgebäude mit Eislauf-, Schwimm- und Kletterhalle. – Der **Tennisclub Meran** (Piavestraße 46) bietet Plätze im Freien und in der Halle!

Wanderungen und Bergtouren

siehe auch KOMPASS-Wanderkarte 1 : 25 000, Blatt 053 „Meran“ und KOMPASS-Wanderkarte 1 : 50 000, Blatt 53 „Meran und Umgebung“

Rund um Meran auf dem Tappeiner-Weg und den Waalwegen: Bei der Postbrücke über die Passer und am orographisch rechten Ufer entlang in Serpentinen zur Zenoburgstraße; nun auf dem Tappeiner-Weg bis zur Straße Gratsch – Schloss Thurnstein, 1½ Std.; auf ihr weiter. Wo der Fußweg von St. Peter nach Gratsch einmündet, weiter auf dem Algunder und Plarser Waalweg zum Gasthaus Leiter am Waal, 1 Std. In 15 Minuten Abstieg zur Töll-Brücke; über die Etsch und entlang der Straße Töll – Forst zum Marlinger Waalweg. Auf diesem Weg (in den Fels gehauen, Trittsicherheit notwendig) an der Jausenstation Schönblick und südlich am St.-Felix-Kirchlein vorbei nach Marling. Von dort mit dem Autobus zurück nach Meran, insgesamt 4 Std. – Von der Pfarrkirche Meran zum Schloss Tirol: Über den Gasthof Traubenheim und den Küchelberg nach Dorf Tirol, 1¼ Std. Von dort (Weg Nr. 26) zur Stammburg Tirols; über St. Peter (Fresken, älteste Kirche des Burggrafenamtes) weiter nach Schloss Thurnstein, ¾ Std. Nun west-wärts und über Algund zur Bushaltestelle beim Löwenwirt, insgesamt 3 Std. – Nach Oberlana: Zuerst in den Ort Marling und von dort auf dem Marlinger Waalweg zum Schloss Lebenberg, ¾ Std., und weiter bis der Fahrweg nach Tscherms kreuzt. Nun zum Weg Nr. 33 und über die Falschauerbrücke nach Oberlana, insgesamt 2 Std. – Zum Schloss Fragsburg und nach Burgstall verlässt man Meran beim Schießstand Obermais (Weg Nr. 1). Am Schloss Katzenstein vorbei und die Serpentinen hinauf zum Schloss, 1½ Std. Wieder zurück auf Weg Nr. 1, über den Sinichbach zur Weggabelung und hinab nach Burgstall, insgesamt 2½ Std. – Nach Schenna: Vom Passeiertor aus über die Passer, dann in Richtung Nordosten zum Ziel, ¾ Std. Zurück über Oberdorf nach St. Georgen und (Weg Nr. 18) südlich zum Schloss Goyen, ¾ Std.; über Schloss Labers und Schloss Rametz nach Meran/Obermais, insgesamt 2½ Std.

MÖLTEN/MELTINA H 3

Gemeinde, Provinz Bozen, Einwohner: 1660, Höhe: 1142 m, Postleitzahl: 39010. **Auskunft**: Tourismusverein Mölten. **Bahnstation**: Terlan (10 km). **Busverbindung**: nach Terlan und von dort mit Bozen und Meran. **Bergbahn**: Seilbahn Vilpian/Gemeinde Terlan – Gasthof Etschblick.

Mölten ist Hauptort eines weit über den Tschögglberg ausgedehnten bäuerlichen Siedlungsgebietes und herrlichen Wandergebietes. Das Dorf liegt am oberen Ende des von Vilpian heraufziehenden Tales des Möltener Baches in einer flachen Mulde. Alte Bauernhöfe und gediegene Gasthöfe haben seit langer Zeit die Ortschaft zum Ziel naturverbundener Menschen gemacht. In den Bauernstuben ist noch vielfach altes Brauchtum lebendig. Herrliche Lärchenwälder, Bergwiesen und wohltuende Stille lassen hier die Zeit mit ihrer Unrast vergessen. Seinen alten Charakter hat besonders noch der Ort Verschneid im Süden von Mölten bewahrt. Um nach Mölten zu gelangen, benutzt man entweder die Seilbahn, die ihre Talstation in Vilpian/Gemeinde Terlan (im Etschtal) hat oder die Straße von Terlan aus oder jene von Meran über Hafling und Vöran. Mölten ist Ausgangspunkt für zahlreiche Wanderungen u. a. auf den Tschögglberg, dessen östlicher Teil als Salten bezeichnet wird. Im Winter stehen am Salten schöne Langlaufloipen zur Verfügung.

Sehenswert im Ort und in der Umgebung

Im 13. Jh. gab es im Gemeindegebiet von Mölten bereits eine Pfarrkirche und sechs Filialkirchen. Die **Pfarrkirche Maria Himmelfahrt** hat ihr Patrozinium am 15. August. Vom ursprünglich romanischen Bau blieb nur der untere Teil des Glockenturmes erhalten. Die Kirche wurde im 15. Jh. gotisiert und 1651 im Renaissancestil verlängert. Besonders eindrucksvoll ist die spätgotische Krönung Mariens auf dem Hochaltar und die gotische Predella (ein Werk aus der Schule von Michael Pacher) am Seitenaltar, die den Tod Mariens darstellt. – Die romanische **St.-Anna-Kirche**, die **Friedhofskirche**, ist wohl älter als die Pfarrkirche. Sie beherbergt auf ihrem barocken Holzaltar eine sehr wertvolle Skulptur, eine Steinguss-Pietà (1440). – In der Fraktion **Verschneid** feiert die **St.-Blasius-Kirche** ihr Patrozinium mit der Austeilung des Blasiussegens am 3. Februar. Der Turm ist noch romanisch, die Kirche wurde um 1500 vergrößert und gotisiert. Sehr ausdrucksstark ist das barocke Fresko (1621) „Vom Gastmahl des reichen Prassers". – In der Fraktion **Schlaneid** wurde das heutige **St.-Valentin-Kirchlein** 1769 auf Bitten der Bevölkerung auf dem jetzigen Standpunkt im einfachen Barockstil erbaut. Die Ruine der alten Valentin-Kirche (1990 frei gelegt) befindet sich im unterhalb der Ortschaft gelegenen Valteswald. Das Altarbid mit dem Bischof Valentin malte Franz Unterberger aus Cavalese. Die Kreuzwegtafeln stammen aus dem Jahre 1770, ein Werk von Josef Sparer. – In **Gschleier** genießt der Wanderer beim **St.-Ulrich-Kirchlein** einen großartigen Ausblick auf die umliegende Bergwelt. Der ursprünglich einfache romanische Bau wurde 1859 neu hergerichtet. Das Altarbild mit dem hl. Bischof Ulrich stammt vom Maler Psenner aus Ums. – Das **St.-Georgen-Kirchlein** liegt auf einer äußerst geschichtsträchtigen Anhöhe bei **Versein**. Zahlreiche Funde aus der Bronzezeit bezeugen die prähistorische Besiedelung dieses schönen Ortes. Den gotischen Schnitzaltar schmücken die Statuen der hll. Georg, Oswald und Leonhard. – Die romanische **St.-Jakob-Kirche** auf der **Langfenn,** 1527 m, liegt auf dem weithin sichtbaren und höchsten Punkt des Saltens. Sie steht auf prähistorischem Boden. Auf dem Altar stehen neben dem hl. Jakob, dem Beschützer der Wanderer, die zwei Pestpatrone Rochus und Sebastian zur Seite. – Die **„Roßhimmel"**, Weideplätze der Haflinger Pferde inmitten weitgedehnter Lärchenlichtungen. – In Mölten befindet sich die höchste **Sektkellerei** (Arunda Vivaldi) Europas!
Freizeitanlagen: Reitstall, Trimm-Dich-Pfad, Naturkegelbahn, Tennisplätze, Stocksportbahn, Fußballplatz mit Laufbahn.

Wanderungen

Gegen Süden über Versein nach Verschneid, vorbei am Gasthaus Tschaufen (Reitstall), ¾ Std. – Nach Schlaneid, ¾ Std. Rückweg südlich weiter zum Gasthof Etschblick, 1026 m, und auf Weg Nr. 1 zum Ausgangspunkt, insgesamt 1¼ Std. – Nach Hafling: Auf dem Weg Nr. 14 durch den Wald zum Weiler Aschl, 1 Std. Dort über den Aschler Bach erst westwärts, dann nordwärts, Weg Nr. 16, über die Jausenstation Rohrer, die Leadner

Nals wird von Weinbergen umgeben/Nalles è circondata dai vigneti.

Alm, 1514 m, und den Gasthof Brunner, insgesamt 3 Std. – Zum Gasthaus Langfenn 1527 m: Ostwärts zuerst auf Weg Nr. 4 und dann auf Weg Nr. 1 ca. 600 m in südlicher Richtung zum Haus, 1,15 Std. – Wanderung am Europäischen Fernwanderweg E 5.

NALS/NALLES G 4

Gemeinde, Provinz Bozen, Einwohner: 1940, Höhe: 313 m, Postleitzahl: 39010. **Auskunft:** Tourismusverein Nals. **Bahnstation:** Vilpian (2 km). **Busverbindung**: nach Bozen und Meran.

Die Gemeinde Nals, auf der rechten Seite des Etschtales gelegen, ist ein Mittelpunkt des Südtiroler Obst- und Weinbaues. In dieser Landschaft gedeiht der weiße Sirmianer zusammen mit anderen bekannten Weinen des Etschtales. Malerische Burgen über den Schluchten des Sirmianer und Grissianer Baches und Rebhügel, die sich weit in die Ebene vorschieben, verbinden hier Natur und Siedlung zu einer harmonischen Einheit. Die Herren auf der Schwanburg, einst „Haus in der Gaul" genannt, und jene vom wuchtigen Schloss Payersberg haben seit dem frühen Mittelalter die Geschicke dieser Landschaft bestimmt.

Sehenswert im Ort und in der Umgebung

Die **Pfarrkirche zum hl. Ulrich.** – **Schloss Schwanburg**, 1286 erstmals urkundlich erwähnt, im 16. Jh. umgebaut, mit eingemauerten römischen Steinen; seltene Edelhölzer im Park, einst von Minnesängern gepriesen. Malerische Gruppe von Einzelbauten und Loggiengängen. Schlosskellerei. – Eine Führung mit Weinverkostung gibt es in der **Kellereigenossenschaft** Nals am Mittwoch um 16 Uhr. – Die **Ruine Payersberg**, 13. Jh. – In **Obersirmian** das **St.-Apollonia-Kirchlein**, die vielleicht reizvollste Hügelkapelle Südtirols. – In **Grissian** das **St.-Jakobs-Kirchlein** aus dem 12. Jh.; romanische Fresken. – Die **Fahlburg,** 1515 vergrößert. – **Burg Katzenzungen**. – Die **Wehrburg. – Ruine Kasatsch**. – Der **Ansitz Stachelburg**: ein Frührenaissancebau mit Malereien aus der zweiten Hälfte des 16. Jh. Heute ist darin eine Jausenstation untergebracht.

Wanderungen

Rundwanderung Nals – Unter- und Obersirmian – St. Jakob – Grissianer Hof – Prissian – Oberkasatsch – Nals: Von der Kirche (Weg Nr. 9) zur Schwanburg und zur Ruine Payersberg, ¾ Std. Weiter über Unter- und Obersirmian zum St.-Apollonia-Kirchlein auf einem Hügel, ¾ Std. Nun durch den Wald über St. Jakob nach Grissian (Wege Nr. 7 und

8) und zum Grissianer Hof, 1 Std.; nach Prissian in 30 Minuten (Weg Nr. 8). Zurück auf Weg Nr. 2 über die Fahlburg, nördlich am Schloss Katzenzungen vorbei, und über die Höfe Ober- und Unterkasatsch nach Nals, insgesamt 4 Std. – Rundwanderung: Auf dem Fahrweg (Weg Nr. 5) zum Regelehof, 20 Min.; von dort erst nordwärts zum Bittnerhof, dann wieder südwärts zum Sattelhof und Innertinnerhof (Weg Nr. 6). Nun nordwestlich auf dem Weg Nr. 8 zum St.-Apollonia-Kirchlein, 1½ Std. Auf dem Fahrweg zurück, insgesamt 3 Std. – Zur Ruine Festenstein und nach Gaid: Auf Weg Nr. 5 über den Regelehof zum Koflerhof; dann am Südtiroler Weinweg an der Burg Wolfsthurn vorbei, zum westlichen Ortsausgang von Andrian. Etwas steil zur Ruine Festenstein (Nr. 15) und weiter nach Gaid, 902 m, 3 Std. Auf Weg Nr. 8 und 9 nach Nals zurück, insgesamt 4½ Std.

PARTSCHINS/PARCINES C 1

Gemeinde, Provinz Bozen, Einwohner: 3650, Höhe: 618 m, Postleitzahl: I-39020. **Auskunft:** Tourismusverein Partschins – Rabland – Töll. **Bahnstationen:** Töll und Rabland. **Busverbindung:** nach Meran und in den Vinschgau. **Bergbahnen:** Seilbahn Rabland – Aschbach. Texelbahn: Partschins – Giggelberg.

Teilweise noch im Vinschgau, teilweise bereits im Burggrafenamt liegt die Gemeinde Partschins am Fuß der zum Teil vergletscherten Texelgruppe. Die Fraktion Rabland (525 m) befindet sich im Talboden. Es handelt sich dabei vermutlich um eine uralte Siedlung am ehemaligen Venostenweg, auf dem später wohl die Linienführung der römischen Via Claudia Augusta aufbaute. Als wichtigste archäologische Funde werden ein bronzezeitliches Lappenbeil und ein römischer Meilenstein angesehen. An der Töll verlässt die Etsch den Vinschgau. Bei Partschins lag in der ersten Hälfte des 3. Jahrhunderts nach Christus eine römische Zollstation (Töll = telonium = Zollstätte). Hier verlief die Grenze der römischen Provinz Rätien.

Die Fraktion Töll ist die letzte Siedlung im Haupttal. Der Vinschgau geht hier in einer rund 200 Meter hohen Steilstufe in den Meraner Talkessel über. Hier beginnt auch die Straße zum Hauptort Partschins (618 m). Das Dorf liegt auf einem mächtigen Murkegel. Vermutlich handelt es sich auch bei Partschins um eine sehr alte Siedlung.

Auffahrt mit der Seilbahn/ Salita in funivia

Sehenswert im Ort und in der Umgebung

Im **Zieltal**, oberhalb des Dorfes, wurde der berühmte **Altar der Diana** gefunden, dessen lateinische Inschrift auf die Nähe einer Zollstation im 3. Jahrhundert nach Christus schließen lässt. Im Hochhuberhof ist eine **Marmortafel** eingelassen, die wohl als Grabstein gedient hat. Ein Römer namens M.U. Primigenius gedenkt darauf seines Sohnes Q. C. Eutropius. Ein weiterer archäologischer Fund, der sogenannte **Nemesis-Stein**, befindet sich heute

Römerstraßen in den Alpen
Die Via Claudia Augusta, einst Hauptstraße Europas

Mit dem Bau der Straße begann Nero Claudius Drusus (Stiefsohn von Kaiser Augustus, erfolgreicher römischer Feldherr gegen die Germanen, gestorben 9 v. Chr.) im Jahr 16 v. Chr. während seines Feldzugs, durch den er die Grenzen des Römischen Reiches über die Alpen hinaus bis zur Donau erweiterte. Fertiggestellt wurde sie 47 n. Chr. unter Kaiser Claudius, dessen Namen sie erhielt. Die Straße führte vom Adriahafen Altino/*Altinum*, unweit vom späteren Standort Venedigs, bis zum nördlichen Vorposten Augsburg/*Augusta Vindelicum*, einer Stadt, die 15 v. Chr. zu Ehren von Kaiser Augustus gegründet worden war. Die Straße erstreckte sich über 350 mila passuum (= 520 km) und folgte den Flüssen Piave, Brenta und Etsch flussaufwärts sowie dem Inn und Lech flussabwärts. Nach Altino berührte sie Feltre/*Feltria*, Borgo Valsugana/*Ausucum*, Trient/*Tridentum*, Meran/*Maia*, den Reschenpass, Landeck/*Medullum*, den Fernpass, Füssen/*Foetibus*, Epfach/*Abodia-cum*, Augsburg/*Augusta Vindelicum*, von dort zog sie sich bis Burghöfe/*Submun-torium*, unweit von Donauwörth. Für die damalige Zeit war es ein imponierendes Vorhaben und ein bemerkenswerter Bau: die längste Straßentrasse der Kaiserzeit über die Alpen. Die als Militärstraße angelegte Claudia Augusta wurde später eine für den Handel und den kulturellen Austausch zwischen den lateinischen und germanischen Völkern wichtige Verbindung, die bis zum Mittelalter Kreuzfahrer, Heere und Pilger nutzten. Mit ihren 520 km ist die Via Claudia Augusta die längste und älteste historische Wanderroute Europas: sie durchquert die schönsten Landschaften der Alpen, die malerischen hügeligen Erhebungen Bayerns und die weitläufige italienische Ebene, vorbei an zahlreichen Kunstschätzen und seltenen Kulturgüter in fünf Regionen und drei Staaten.

In der vorliegenden Karte verläuft die Via Claudia Augusta **von Andrian nach Rabland/Gemeinde Partschins**. Eine außergewöhnliche Strecke, die eindrucksvoll an die Geschichte der Via Claudia Augusta in Südtirol erinnert.

Westlich von Andrian verläuft die Via Claudia Augusta über Tisens, Lana und Marling nach Algund, von wo sie Meran/*Maia* bzw. die römische *Statio Maiensis* erreichte. Das war der entfernteste Militärposten der X Regio italica, auch an der Mündung zweier Täler gelegen, ungefähr eine Meile von der Grenze zur römischen Provinz Rätien entfernt. In Algund, in der Nähe des Schwimmbades, blieb ein Brückenkopf bestens erhalten. Es ist dies das massivste römische Bauwerk der gesamten Region, dessen guter Zustand auf die Tatsache zurückzuführen ist, dass es voll im Erdboden versank. Es befindet sich genau an jener Stelle, wo die Etsch sich nach Süden wendete und wo man sie auch heute noch auf einem schwindelerregenden Holzsteg überqueren kann. Dieser Übergang befindet sich hinter der Brauerei Forst. Nach einem steilen Anstieg, nun am linken Etschufer, erreicht man den Vinschgau in der Nähe von Töll und kurz danach Rabland. Hier an der Grenzlinie wurde von Claudius ein Meilenstein aufgestellt, der 1552 gefunden wurde und nun im Stadtmuseum Bozen ausgestellt ist. Claudius wollte damit an die militärischen Aktionen seines Vaters und an dessen große transalpine Straßenbauten erinnern. Aufgrund der zahlreichen Überschwemmungen des Flusses wurden einige Straßenrouten der Via Claudia Augusta, zum Teil auch Nebenstrecken angelegt, von denen heute jegliche Spuren fehlen.

Der Text wurde von der Società Archeologica Claudia Augusta zusammengestellt.
Via Marsiai 1 • I-32030 Cesiomaggiore (BL) • E-mail: claudiaugusta@libero.it
Fax: 0039/0439/43650

Bauer bei der Heuernte/Contadino alle prese con la raccolta del fieno

im Städtischen Museum in Meran. – Im Mittelalter war das Dorf Sitz der Herren von Partschins, die Burg ging dann später auf das Geschlecht der Stachl über und wird seither **Stachlburg** genannt. – Die **Pfarrkirche St. Peter und Paul** ist ein spätgotischer Bau. Im Innenraum sind die schönen Skulpturen sehenswert. Teile eines Altares von Jörg Lederer sind zu besichtigen. – Unbedingt erwähnt werden muss hier der Zimmermann und Instrumentenmacher **Peter Mitterhofer,** der hier gewohnt hat. Er wird heute allgemein als der Erfinder der ersten funktionsfähigen **Schreibmaschine** anerkannt, auch wenn er selbst daraus keinen Nutzen ziehen konnte. Das **Schreibmaschinenmuseum**, benannt nach Peter Mitterhofer, hat Weltgeltung. Rund 1200 Exponate geben einen umfassenden Einblick in die über 100-jährige Entwicklungsgeschichte (1864 – 1980) der Schreibmaschine. – Im Juni 2005 wurde der **Kulturwanderweg Peter Mitterhofer** eröffnet. Der Weg wurde als Rundwanderweg angelegt. An 12 Stationen informieren Schautafeln über die Dorfgeschichte und Peter Mitterhofer. – Das **Schloss Spauregg** mit dem 170-jährigen **Mammutbaum** im **Park**. – Der **Gaudententurm** wurde 1357 erbaut. – In **Rabland** das **St.-Jakobs-Kirchlein** (1513). – In **Töll** das **St.-Helena-Kirchlein** (1416). – Bekannt wurde Partschins wegen seines angenehmen Klimas und auch wegen seines spektakulären **Wasserfalls.** Mit einer Fallhöhe von 97 m ist er der höchste Wasserfall Südtirols. Das Zieltal mündet, wie viele kleinere Nebentäler im Vinschgau auch, als Hängetal hoch über dem Haupttalboden. Der Zielbach stürzt sich zur Zeit der Schneeschmelze in einem einmaligen Schauspiel über die Geländestufe hinab. – Kostenlos geführte **Wanderungen** im **Naturpark Texelgruppe** und in der Umgebung. Informationen beim Tourismusverein. – Durch die **Texelbahn** ist es möglich den Meraner Höhenweg und viele Wanderziele ohne mühsamen Aufstieg zu errreichen. In nur 4,5 Minuten bringt Sie die moderne Seilbahn auf den Giggelberg, 1565 m. Während der Fahrt können Sie den Panoramablick auf die stolzen 3000-er der Texelgruppe und den Meraner Talkessel genießen. Dabei wird Sie nicht mal ein Seilbahnmast stören. Die Texelbahn saust in einem einzigen Spannfeld ohne Stütze zur Bergstation.

Wanderungen und Bergtouren

Zu den Wasserfällen des Zielbaches im Nordwesten von Partschins, 1 Std. – Zur Leiter -alm, 1522 m: Oberhalb des nördlichen Ortsausganges ostwärts zur Jausenstation Sax-ner und durch den Wald zum Gasthaus Oberplatzer und weiter zur Alm, 3 Std. – Partschinser Höhenweg: Von Partschins aus auf dem Fahrweg zum Gasthaus Wasserfall, von dort ostwärts (Weg Nr. 26) nach Tabland (Gasthaus Prünster) und weiter über einen sonnigen Hang (schöne Aussicht auf Meran) zum Niederhaushof. Von diesem auf Weg Nr. 7A abwärts zu einem Fahrweg, welcher zurück nach Partschins führt, ca. 3½ Std. – Nach Dorf Tirol: Von Partschins auf dem Waalweg ostwärts zum Grasweger und weiter (Weg Nr. 7) zur Jausenstation Saxner und (Weg Nr. 26A) nach Vellau, 1½ Std. Nun über Pirbamegg (Weg Nr. 26) durch den Wald nach St. Peter und zum Schloss Tirol, 2 Std. In weiteren 20 Minuten zum Ziel. – Auf den Larchbühel, 1837 m: Vom Ortsteil Töll aus, entweder die Serpentinen des Fahrweges oder abkürzend den Hang hinauf, zum Gasthaus Niederhof und weiter (Weg Nr. 9) zum Gasthof Brünnl, 1 Std. und weiter nach St. Martin, 1267 m. Der Weg teilt sich ca. 100 m oberhalb der Kapelle; weiter auf Weg Nr. 9 über die Schwarze Lacke zum Gipfel, insgesamt 3 Std. Abstieg (Weg Nr. 28) über Aschbach hinab zur Etsch. Abstieg auch mit der Seilbahn möglich!

ST. PANKRAZ/S. PANCRAZIO — CD 3

Gemeinde, Provinz Bozen, Einwohner: 1550, Höhe: 730 m, Postleitzahl: 39010. **Auskunft:** Tourismusvereinigung Ultental – Proveis, Tourismusverein Deutschnonsberg. **Bahnstation:** Lana – Burgstall (14 km). **Busverbindung:** nach Meran und in das Ultental.

Die Gemeinde St. Pankraz ist die größte Siedlung des äußeren Ultentales. Das vom Kirchbach durchzogene Tal und das Marauntal münden hier in das Haupttal. Wiesen und prächtige Wälder, dazwischen alte und schöne Bauernhöfe, prägen die idyllische Landschaft. Wanderer und Bergsteiger finden eine reiche Auswahl an Spazier- und Wanderwegen und lohnenden Bergtouren.

Sehenswert im Ort und in der Umgebung

Die **Pfarrkirche St. Pankraz** ist die älteste Kirche des Ultentales; sie wurde um das Jahr 1000 errichtet und 1338 umgebaut. Im 11. Jh. gehörte sie zum Besitz des Klosters Weingarten. Sie besitzt einen 56 m hohen Turm. Am Turm Steingesimse und ein interessantes Zifferblatt, Wappen der Grafen Trapp. – Das **„Häusl am Stoan"**, ein kleines Häuschen auf einem riesigen Felsblock, das 1882 als einziges ein schweres Unwetter überstand und heute eines der kuriosesten Denkmäler im gesamten Alpenraum ist. – Die zweistöckige **Pestkapelle St. Sebastian**, 14. Jh. – **Schloss Eschenlohe**, ehemaliger Gerichtssitz, Stammschloss des gleichnamigen Grafengeschlechtes. – Der **Ultner Naturlehrpfad Eschenlohe** führt vom Dorfzentrum zum Schloss. – In der näheren Um-

Hof Unterstauda am Pankrazer See/Il maso Unterstauda

gebung liegen auf dem Sonnenberg der **Weiler St. Helena** mit einer sehr alten **Kapelle** und das **Heilbad Mitterbad**.

Wanderungen und Bergtouren

Nach Mitterbad durch das Marauntal, 2 Std. – Auf das Hofmahdjoch, 1785 m: Über Mitterbad, den Laugenhof, 1327 m, und Aalach auf dem Weg Nr. 8 zum Joch, 3 Std. – Zum Guggenberger Alpl, 1705 m: Entlang der Fahrstraße zum Schloss Eschenlohe; Wege Nr. 2A und 2 über Gruben und Ecker zum Almgebiet, 2 Std. Die Besteigung des Rauhen Bühels, 2027 m, in weiteren 45 Min. (nur für Geübte). – Nach St. Helena, 1532 m, südwestwärts auf dem Weg Nr. 5, 2 Std. – Zur Inner-Falkomai Alm, 2051 m, und zu den Drei Seen: Durch das Kirchbachtal auf den Wegen Nr. 3 und 3A zur Alm und weiter auf dem Weg Nr. 8 zu den Seen, 5 – 6 Std. – Auf das Naturnser Hochjoch, 2443 m: Nach Westen, Weg Nr. 3, zum Bachmannhof und nordwärts weiter zur Staffler Alm, 1875 m (Weg Nr. 6). In östlicher Richtung gelangt man über den Weg Nr. 1 zum Weg Nr. 9; auf diesem westwärts zum Gipfel, ca. 5 Std. (nur für Geübte). Abstiegsvariante: Weg Nr. 1 bis kurz vor die Außer-Falkomai Alm und zurück auf Weg Nr. 3 durch das Kirchbachtal zum Ausgangspunkt. – Auf den Laugen, 2434 m: a) Beim Gasthof Rössl über den Falschauer Bach und auf Weg Nr. 1 bis Roan; von dort auf Weg Nr. 25 zum Platzerer Jöchl, 1519 m; auf Weg Nr. 10 am Innerberg westlich vorbei auf steilem Pfad am Laugensee vorbei über Weg Nr. 8A zum Gipfel, 4½ Std. (nur für Geübte); b) Ab Mitterbad auf Weg Nr. 8 bzw. 8A über die Laugneralm, 1748 m, zum Laugenjöchl, 2050 m, und auf Weg Nr. 8A zum Gipfel, 4 Std.

TISENS/TESIMO F 3

Gemeinde, Provinz Bozen, Einwohner: 1900, Höhe: 634 m, Postleitzahl: 39010. **Auskunft:** Tourismusverein Tisens – Prissian. **Bahnstation:** Vilpian (6 km). **Busverbindung**: nach Fondo und Meran.

Tisens und seine Fraktionen Prissian, Grissian, Naraun, Gfrill, Schernag und Platzers liegen reizvoll inmitten von Obstwiesen und Kastanienhainen am Osthang des Tisener Mittelgebirges. Die Gegend um diese Ansiedlungen wurde schon während der Bronzezeit besiedelt. Urkundlich nachgewiesen ist, dass eine langobardische Wehranlage Tesana 590 n. Chr. von den Franken zerstört wurde. Auch fand man um 1902 hier das Grab

Die Wehrburg in Prissian/Prissiano: il Castello di S. Erasmo

eines germanischen Kriegers aus dem 6. Jh. Im Mittelalter besaßen mehrere Klöster Liegenschaften in der Gegend. Über Tisens führt die Passstraße über das Gampenjoch, 1518 m, zu den deutschen Gemeinden des Nonsberges.

Sehenswert im Ort und in der Umgebung

Die **Pfarrkirche Maria Himmelfahrt,** 1194 erwähnt, 1521 umgebaut; romanischer Turm noch erhalten, später mit Haubendach versehen; im Inneren sehenswerte und bedeutende Glasmalereien aus Augsburg, Stifterwappen, 16. Jh. – Das **St.-Hippolyt-Kirchlein** wurde 1340 erbaut und wird die „Akropolis von Tisens" genannt. In diesem Kirchlein befindet sich die älteste Glocke der Pfarrei (1556). Rundblick auf 20 Ortschaften und 40 Schlösser des Burggrafenamtes, Ort vorgeschichtlicher Funde. – Die **St.-Michaels-Kapelle** mit spätgotischen Wandmalereien; im unteren Teil eine Gruft mit Totenschädeln und Gebeinen. – In **Grissian** die **St.-Jakobs-Kirche** mit Fresken aus dem 12. Jh. – In **Gfrill** die **Zwingenburg.** – In **Prissian** die **Fahl-** und **Wehrburg,** der **Ansitz Greifenegg,** die **Ruine Kasatsch** und das **Schloss Katzenzungen**. Hier gedeiht die größte Weinrebe Europas. Die Trauben werden im Schloss gekeltert und abgefüllt und sind mit Urkunde erhältlich.

Wanderungen

Nach Völlan über das St.-Hippolyt-Kirchlein (Weg Nr. 5A und 8), 1½ Std. – Zur Fahlburg bei Prissian und nach Vilpian: Südlich zur Fahlburg und zur Pfeffersburg (Weg Nr. 2) und durch Obst- und Weingärten hinab zur Etsch und nach Vilpian, 1½ Std. – Nach Platzers (Weg Nr. 4): Über die Gampenstraße hinweg zu den Höfen Ulpmer und Witmayr und von dort südwärts nach Unterplatzers und Platzers, 1¾ Std. Nun zum Weiler Gfrill und auf Weg Nr. 13 über Prissian nach Tisens zurück, insgesamt 4 Std.

TSCHERMS/CERMES E 2

Gemeinde, Provinz Bozen, Einwohner: 1530, Höhe: 292 m, Postleitzahl: 39010. **Auskunft:** Tourismusverein Lana und Umgebung. **Bahnstation:** Meran (4 km). **Busverbindung:** Meran – Tscherms – Oberlana.

Das Dorf Tscherms liegt inmitten von Weinbergen und Obstkulturen an der Autostraße von Meran nach Lana. Beherrscht wird das Dorfbild vom Schloss Lebenberg, einer stattlichen Burganlage, die sich auf einem Hügel vor den Hängen des Marlinger Berges erhebt.

Sehenswert im Ort und in der Umgebung

Die **St.-Sebastian-Kirche** und die **St.-Anna-Kirche**. – Das **Schloss Lebenberg** gilt als einer der schönsten Ansitze im Burggrafenamt und wurde im 13. Jh. von den Herren von Marling erbaut, von 1426 – 1828 im Besitz der Grafen Fuchs, heute Eigentum der Familie van Rossem. Sehr ausgedehnte Burganlage mit dreigeschossiger Kapelle aus dem 14. Jh., mit malerischen Innenhöfen, französischem Ziergarten, Spiegelsaal im Rokokostil und Rittersaal mit einmalig großen fuchsischem Figurenstammbaum, 12 Generationen und 264 Figuren umfassend, sowie vollständig eingerichtete Räumlichkeiten, Bauernzimmer mit gotischen Bauernmöbeln sowie Waffensaal, sehenswerte Holz- und Stuckdecken. Öffnungszeiten: Ende März bis Ende Oktober, Montag – Samstag 10.30 – 12.30, 14 – 16.30 Uhr, Sonntag geschlossen. – Ein Besuch lohnt sich im spannenden und interessanten **Labyrinthgarten im Ansitz Kränzel**, der aus dem Jahre 1400 stammt und heute im Besitz der Grafen Pfeil ist. Am Kränzelhof werden gute Weine gekeltert. Jeden Mittwoch um 16 Uhr findet eine weinkundliche Führung und Weinverkostung statt. Der Kastaniengarten, der Ewige-Ruhe-Garten, der Früchtegarten und das Cornuswäldchen laden zum Verweilen ein. Das Labyrinth erstreckt sich über eine Fläche von 3300 m². Öffnungszeiten: Ende März – Anfang November: 9.30 – 19 Uhr. – Weitere Sehenswürdigkeiten siehe **Marling**.

Tscherms: Schloss Lebenberg/Cermes: Castel Lebenberg

Wanderungen und Bergtouren

Nach Marling auf dem herrlichen Marlinger Waalweg: dem Raffeinweg entlang, zum Tagfeithof 1½ Std. bzw. über Basling ca. ¾ Std. – Rundweg: Über den Raffeinweg bis zum Waalweg, nun nach Nordwesten bergan über den Weg Nr. 33A zur Jausenstation Hofer, 812 m, und weiter zum Gasthof Tschigg, Weg Nr. 31A. Die Fahrstraße bergab zum Gasthof Waalheim und auf dem Marlinger Waalweg zurück zum Schloss Lebenberg und über Basling zurück. Gehzeit insgesamt ca. 4½ Std. – Rundweg: Nach Oberlana, mit der Seilbahn zum Hotel Vigilius, 1450 m, dann ca. 20 Minuten auf dem Weg Nr. 33, dann rechts abbiegen und über die Weg Nr. 33 und 33A bergab zur Jausenstation Hofer, 812 m, vorbei an der Ruine Holdersberg und zum Schloss Lebenberg und über Basling zurück. Gehzeit ingesamt ca. 3 Std.

ULTEN/ULTIMO — AB 4

Gemeinde, Provinz Bozen, Einwohner: 2870, Höhe: 1192 m, Postleitzahl: 39016. **Auskunft**: Tourismusvereinigung Ultental – Proveis. **Bahnstationen**: Meran (28 km) oder Lana-Burgstall (19 km). **Busverbindung:** Meran – St. Pankraz – St. Walburg – St. Gertraud.

St. Walburg ist Hauptort und Sitz der Gemeinde Ulten. Diese umschließt das ganze innere Ultental mit den Fraktionen St. Nikolaus und St. Gertraud. Das freundliche Dorf liegt auf einer Talstufe, von der aus sich ein freier Ausblick auf den Zoggler Stausee und die umliegenden Berge bis zu den Gletschern der Ortler-Ausläufer bietet. Ausgedehnte Wälder und weite Almböden bedecken die Höhen der Umgebung. Von Nordwinden geschützt, hat das Tal seines milden, gesunden Klimas wegen schon in ältester Zeit Siedler angezogen. So fassten hier um das Jahr 600 die Goten, später die Bajuwaren Fuß. Während des Mittelalters waren die Siedlungen Lehen des Klosters Weingarten bei Ravensburg, das den Bauern schon frühzeitig die Lehen frei gab. Heute erinnert noch mancher Hof an die einstigen Freisassen, so der Breitenberg-, Marson- und Kuppelwieserhof.

Sehenswert im Ort und in der Umgebung

In **St. Walburg**, dem Hauptort des Ultentals, die **Pfarrkirche St. Walburg** (erstmals erwähnt 1338, dann mehrfach erweitert und umgebaut, neugotischer Flügelaltar mit sehenswerten Figuren; der Friedhof breitet sich in Terrassen um die Kirche aus). – In **St. Nikolaus** die **Pfarrkirche St. Nikolaus**, der **Turnerhof** (mittelalterlicher Turm mit

Kuppelwies am Zoggler Stausee/Pracupola e il Lago di Zoccolo

geheimnisvollen Steinbildern an der Mauer) und das **Talmuseum** (dieses gibt einen Einblick in die Volks- und Lebensweise des Ultentals). – In **St. Gertraud** die **Pfarrkirche St. Gertraud** am obersten Talabschluss, herrliche Ausblicke in das Tal. Der Ort ist ein beliebter Ausgangspunkt für zahlreiche Bergwanderungen! Um die einzigartige Naturlandschaft im **Nationalpark Stilfser Joch** zu erkunden, können Sie die Straße bis zum Weißbrunnsee, 1872 m, hinauffahren bzw. das **Nationalparkhaus „Lahnersäge"**, ein interessantes Informationszentrum, besuchen. Kurz vor dem Dorfzentrum warten außerdem die bis zu 28 m hohen und hunderte, wenn nicht tausende von Jahren alten **Ultner Urlärchen** darauf, bewundert zu werden! – Die **Stauseen** im Tal.

Siehe auch Anschlussblatt, KOMPASS-Wanderkarte 052 „Ultental".

Themenwege im Ultental

Alter Weißbrunnweg, einst Kirchweg, gut markiert und beschildert. Ausgangsort ist die Kirche in St. Gertraud. Gesamtgehzeit: 3½ Std., Höhendifferenz: 600 m, Gesamtstrecke: 9,7 km. – Burgstallweg, Weg auf den Spuren der Urzeit, gut markiert und beschildert. Ausgangsort ist der Gasthof Edelweiß in St. Gertraud. Gesamtgehzeit: 5 Std., Höhendifferenz: 950 m, Gesamtstrecke: 11,6 km. – Glazialweg, der Weg führt zur Gletschermühle im Kirchbergtal. Ausgangsort ist die Kirche in St. Gertraud. Gesamtgehzeit: 5 Std., Höhendifferenz: 950 m, Gesamtstrecke: 13,7 km. – Kreuzweg, rot-weiß markiert und beschildert. Landschaftlich, geschichtlich und volkskundlich interessanter Weg mit religiösem Motiv. Gesamtgehzeit: 2¾ Std., Höhendifferenz: 500 m, Gesamtstrecke: 7 km. – Seeweg, rot-weiß markiert und beschildert. Ausgangsort ist St. Walburg/Innerdorf. Der Weg führt auf meist ebenen Wegen um den Zoggler Stausee. Gesamtgehzeit: 3 Std., Höhendifferenz: 140 m, Gesamtstrecke: 11,3 km. – Sunnenseitnweg, rot-weiß markiert und beschildert. Lohnender Höhenweg, der hoch am Hang oberhalb von St. Walburg talaus- und etwas tiefer taleinwärts verläuft. Gesamtgehzeit: 5 Std., Höhendifferenz: 550 m, Gesamtstrecke: 17,2 km. – Ultner Höfeweg, rot-weiß markiert und beschildert. Landschaftlich und volkskundlich interessanter Weg. Ausgangsort ist Kuppelwies; vorbei an alten Bauernhöfen und am Ultner Talmuseum in St. Nikolaus. Gesamtgehzeit: 5 Std., Höhendifferenz: 440 m, Gesamtstrecke: 17,9 km. – Ultner Talweg, rot-weiß markiert und beschildert. Ausgangsort ist St. Pankraz. Der Weg verläuft am Sonnenhang im Wald und an Einzelhöfen vorbei. Schöne Ausblicke in das Tal. Gesamtgehzeit: 7 Std., Höhendifferenz: 920 m, Gesamtstrecke: 23,7 km.

Ultner Urlächen/I larici plurimillenari

Wanderungen und Bergtouren

Ausgangsort St. Walburg: Nach St. Moritz und St. Nikolaus zahlreiche Varianten; Vorschlag: Auf Weg Nr. 4 zum Moarbichl und weiter nach Marson, von hier die Straße entlang und hinter der Überquerung des Schmiedhofer Baches nach links abzweigen und über St. Moritz nach St. Nikolaus, ca. 4 Std. – Zur Inner-Falkomai Alm, 2051 m: Nach Norden zum Weiler Innerdurach, hier nach rechts dem Fahrweg entlang bis der Weg Nr. 1 nach links abzweigt, auf diesem dann bergan bis zum Grat und abwärts bis zur Alm, 2½ Std. – Höhenwanderung entlang den Nordabfällen des Ultner Hochwart: Auf Weg Nr. 22 zur Spitzenalm, 1850 m, 1¾ Std. Nun in westlicher Richtung entlang der Waldgrenze zur Pfandlalm, 1838 m, weiter zur Seegrubenalm, 1916 m, Weg Nr. 23, 1½ Std. Auf Weg Nr. 20, zum Zoggler Stausee und am Ufer nach St. Walburg, insgesamt 5½ Std. – Der Hausberg St. Walburgs, der Peilstein, 2542 m: Über Gigglhirn und die Marschnellalm, 2212 m, auf Weg Nr. 10, 3½ Std. (mittel). – Vom Peilstein weiter auf den Rontscher Berg, 2711 m, auf dem Weg Nr. 7, 2 Std. Vom Gipfel zu den Kofelrastseen und auf dem Weg Nr. 4A über die Larchbergsäge ins Tal und nach St. Walburg, insgesamt 8 Std.

Ausgangsort St. Nikolaus: Ultner Höfeweg: Nach St. Gertraud über die Höfe Gasteig und Oberkropfen, 1½ Std. – Auf die Seefeldalm, 2109 m, durch das schöne Auerbergtal, Weg Nr. 18, 2¼ Std. – Hochgebirgstour auf das Hasenöhrl, 3257 m, über den Steinberg, 2335 m, und den Getristeten Stein, 2960 m, Weg Nr. 14, 5½ Std. – Auf die Ilmenspitze, 2657 m, über die Seefeldalm, 2109 m, Weg Nr. 18, ca. 4 Std. (nur für Geübte).

Ausgangsort St. Gertraud: Zum Weißbrunnsee, 1872 m, auf den Wegen Nr. 107 und 101, 1¾ Std. – Zur Äußeren Pilsbergalm, 2128 m, auf den Wegen Nr. 140 und 142, 1¾ Std.; zurück über die Innere Pilsbergalm, 2084 m, (Wege Nr. 12 und 102) und den Weißbrunnsee (Weg Nr. 140), 2 Std. – Zur Grünsee-Höchster-Hütte, 2561 m, auf den Wegen Nr. 107, 103 und 140, 3½ Std. – Auf das Flimjoch, 2896 m, auf Weg Nr. 143 über die Vordere und Hintere Flatschbergalm zum Gipfel, 3½ Std. (mittel). – Auf die Soyscharte, 2887 m, über die Äußere Pilsbergalm, 2128 m, Wege Nr. 140 und 142, 3½ Std. (mittel).

Gemeinde, Provinz Bozen, Einwohner: 940, Höhe: 1129 m, Postleitzahl: 39010. **Auskunft:** Tourismusverein Hafling – Vöran – Meran 2000. **Bahnstation:** Lana – Burgstall. **Busverbindung:** Vöran – Hafling – Meran. **Bergbahn:** Seilbahn Burgstall/Staffler – Vöran.

Die Gemeinde bildet die Grenze des Burggrafenamtes auf der Mittelgebirgsterrasse des Tschögglberges. Vöran ist eine der vier Gemeinden auf dem Tschögglberg. Sie ist mit dem Etschtal durch die Seilbahn Burgstall/Staffler – Vöran und die Straßen Meran – Hafling oder Terlan – Mölten verbunden. Der Name „Feran" taucht bereits in der Zeit zwischen 800 – 1000 n. Chr. auf. Inmitten herrlicher Bergwiesen und sanfter Kuppen gelegen, zählt die Landschaft um Vöran zu den beliebtesten Ausflugszielen der Meraner und Bozner Gäste.

Sehenswert im Ort und in der Umgebung

Die **Kirche**, 1330 als Kuratialkirche errichtet, mit spätgotischen Spitzbogentüren. Die Flachbogenfenster und die Tonnenwölbung stammen aus einem Umbau in der Barockzeit. – Sehenswert sind die **Strohdächer** an einzelnen Scheunen am Tschögglberg. Zeugen bajuwarischer Abstammung. – Ganz eigenartig und auffällig wirken die **Porphyr-Rundfelsen** (Tuffformationen) wie der Rotensteinkogel, Beimstein- und Untersteinkogel: Herrliche Aussicht von allen drei Gipfeln! – Am **Rotensteinkogel**, 1464 m, befindet sich das sogenannte **„Knottnkino"**. Dieses Kino wurde vom Künstler Franz Messner im Jahr 2000 errichtet. Über 30 Sitzplätze aus Stahl und Kastanienholz, die an jene eines alten Kinos erinnern, wurden dafür auf einem kleinen Felsvorsprung, die Südtiroler nennen es „Knottn", aufgestellt. Und sobald Sie Platz genommen haben, kann der Film auch schon losgehen: vor Ihnen zeigt sich ein atemberaubendes Panorama auf das gesamte Etschtal, den Penegal, die Dolomiten, das Weißhorn, das Ultental, die Texelgruppe, das Meraner Becken und das Passeiertal.

Wanderungen und Bergtouren

Nach Schlaneid: Auf Weg Nr. 13 zuerst ostwärts über den Aschler Bach hinweg, dann südwärts über St. Ulrich (Wege Nr. 15 und 15B) zum Ziel, 2 Std. – Nach Mölten: Nach Osten (Weg Nr. 1) über den Gasthof Grüner Baum bis Aschl; von dort (Weg Nr. 14) durch den Wald nach Mölten, 1½ Std. Rückweg (Weg Nr. 13) nach Vöran, insgesamt 3 Std. – Nach Meran (Weg Nr. 1): An vielen Höfen vorbei zum Sinichbach, 1½ Std.; jenseits des Baches die Fahrstraße entlang zum Schloss Katzenstein und nach Obermais, 2½ Std. – Nach Gargazon auf Weg Nr. 4 hinab, 1½ Std. – Auf das Kreuzjoch, 2086 m: Auf Weg Nr. 1 zum Gasthof Grüner Baum und auf Weg Nr. 16 weiter zur Leadner Alm, 1514 m, 1¼ Std.; von dort ostwärts auf Weg Nr. 11 auf das Auener Joch, 1924 m, und von dort nordwärts zum Gipfel (Weg Nr. 4); insgesamt 3 Std. (leicht). Abstieg: Auf Weg Nr. 5 über den Westhang zur Vöraner Alm, 1873 m; von dort ein Abstecher auf das Vöraner Joch, 1941 m, leicht möglich; Rückweg nach Vöran (Wege Nr. 11A und 11) über die Leadner Alm. – Rundtour auf dem Höhenrücken des Tschögglberges: Vom Gasthof Grüner Baum morgens mit Bus über Hafling nach Falzeben, 1609 m, Aufstieg (oder Bahn) zum Berggasthof Piffinger Köpfl, 1980 m, auf Weg Nr. 3 bis Weidmannalm, Kirchsteigeralm (Weg 18A), über die Meraner Hütte auf dem E 5 (Weg Nr. 4) zum Auener Joch, 1924 m, Abstieg auf Weg Nr. 2 zur Vöraner Alm, 1873 m. Weiter über Weg Nr. 2A, 11A und 11 über die Leadner Alm, 1514 m, zum Gasthof Grünen Baum (Weg Nr. 16); insgesamt 4 – 4½ Std.

Blick auf das Dorf Vöran
La ridente località di Verano

KOMPASS
Hol dir die KOMPASS-Karten App
mit integriertem Live-Tracking
16:00
75 %
KOMPASS
Karte
Touren
In Bewegung
Sicher am Berg
Feedback
Mein KOMPASS
Impressum
Die erste Karte
in der Größe „S“
gibt es gratis
zum Download
Available on the
App Store
ANDROID APP ON
Google play
www.kompass.de/app
© Reen West

AKTIV GUIDE

La carta turistica KOMPASS 1:25 000, foglio n. 054 «Lana, Val d'Adige» raffigura il territorio centrato sul Comune di Lana, compreso tra le località di Merano a nord ed Andriano a sud. La valle principale che si snoda verso sud-est porta il nome del fiume che la solca, l'Adige. Le alte catene montuose ad est e ad ovest dell'Adige completano la cartina assieme ai gradini di mezza montagna, ad esse anteposti, ed alle valli che le attraversano. Il territorio raffigurato fa parte della Provincia di Bolzano. Tre sono le valli che confluiscono nella conca meranese: la Val Venosta da ovest, la Val Passiria da nord e la Val d'Ultimo da sud-ovest. Ad est si innalzano i monti Sarentini.

DESCRIZIONE DELLE LOCALITÀ

Troverete i numeri di telefono e di fax delle Associazioni Turistiche a pag. 54.
Date un'occhiata anche agli inserti pubblicitari nel testo tedesco!

AVELENGO/HAFLING G 1

Comune, Prov. di Bolzano, abitanti: 760, altezza s.l.m.: 1290 m, CAP: 39010. **Informazioni**: Associazione Turistica di Avelengo - Verano - Merano 2000. **Stazione ferroviaria**: Merano (10 km). **Collegamento autobus**: Merano - Avelengo - Falzeben e Verano. **Impianti di risalita**: funivie, seggiovie e skilift (comprensorio sciistico Merano 2000).

Con i suoi 27 km^2 l'altopiano di Avelengo racchiude una delle zone escursionistiche e sciistiche più amate dell'Alto Adige. Qui termina il cosiddetto Monzoccolo/Tschögglberg che da S. Genesio si estende sopra Bolzano. Il Comune è costituito dalle località di Avelengo Paese, Avelengo Paese di Sopra, S. Caterina e Falzeben. La Chiesetta di S. Caterina è uno dei simboli più caratteristici del paesaggio sopra Merano. La piccola località si è trasformata in un luogo di cura e di soggiorno estivo molto amato e con «Merano 2000» in un ideale centro di sport invernali.
La località ha dato il nome alla rinomata razza equina degli avelignesi!

Paesaggio autunnale ad Avelengo/Herbststimmung in Hafling

Curiosità del luogo e dintorni

La **Chiesetta di S. Caterina** del 1291, ristrutturata nel XVII sec., accessibile solo attraverso un foro praticato nel portone d'ingresso. Possibilità di visite guidate per gruppi (tel. 0473/27 94 57). – Il **rilievo preistorico in porfido** sul muro esterno della **Parrocchiale di S. Giovanni**. – L'allevamento dei famosi **cavalli avelignesi** al maneggio Sulfner a S. Caterina. Aperto tutti i giorni, ingresso libero. – **Tabernacolo gotico** sulla strada d'accesso Locherweg al maso Nusserhof. – **Esposizione di minerali e pietre preziose** a **Falzeben**.

La Chiesetta di S. Caterina/St.-Kathrein-Kirchlein

Passeggiate ed escursioni

Da S. Caterina sui sentieri n. 50 e 14 a Falzeben, 1609 m, ore 1.30. – Da Falzeben sul sentiero n. 14 al Rif. Merano/Meraner Hütte, 1960 m, ore 1.30. Da lì alla malga di Maia/ Maiser Alm, 1783 m, sui sentieri 13A, 17 e 17A, ore 1.30. Ritorno ad Avelengo, totale ore 5. – Alla malga di Maia, 1783 m, seguendo in gran parte il corso del torrente Almbach (sentiero n. 15A), ore 2; ritorno per Falzeben sul sentiero n. 51, in totale ore 3.30. – Alla Leadner Alm, 1514 m: in direzione sud est sul sentiero n. 16 per l'Alb. Brunner, 1330 m, su bella strada forestale, ore 2; ritorno ad Avelengo in direzione nord ovest passando per l'Hirschenbichl e per il maso Lenkerhof, 1382 m, da dove si può ritornare direttamente ad Avelengo o eventualmente allungare passando per l'Alb. Alpenrose, sentieri n. 11 e 12, in totale ore 4. – A Verano: si segue il sentiero n. 12 a sud di Avelengo Paese; breve puntatina sul M. Pietrarossa/Rotensteinkogel, 1464 m, seguendo i sentieri n. 11 e 14, al «Knottnkino» – favoloso panorama che spazia da Bolzano a Merano (v. **VERANO**); si prosegue quindi per i masi Oberhauser e Steinmann fino a Verano, ore 2.30. – Sul M. Sulvo/Hochsulfen, 1345 m, da S. Caterina in 30 min. – Al laghetto Sulfnersee (incantevole nel periodo di fioritura delle ninfee!), 30 min. – A Sarentino; sul sentiero n. 2 dal paese alla Wurzeralm, 1707 m, ore 1.30, e alla malga Verano, 1873 m, ore 1; si prosegue fino al Giogo dei Prati/Auener Joch, 1924 m, 45 min., continuando sempre sul sentiero n. 2 per la Auener Alm,1798 m, ed il Rif. Sarentino/Sarner Skihütte, totale ore 6. – Dal Giogo dei Prati/Auener Joch verso nord si raggiunge il Giogo della Croce/Kreuzjoch, 2086 m, in 30 min. e poi verso sud est si arriva agli Omini di pietra/ Stoanerne Mandln, 2001 m, in 30 min. oppure verso sud, in 1 ora, alla Capanna di Meltina/Möltner Kaser, 1763 m, sul Sentiero Europeo E 5.

CERMES/TSCHERMS E 2

Comune, Prov. di Bolzano, abitanti: 1530, altezza s.l.m.: 292 m, CAP: 39010. **Informazioni**: Associazione Turistica Lana e dintorni. **Stazione ferroviaria**: Merano (4 km). **Collegamento autobus**: Merano - Cermes - Lana di Sopra.

Il paesetto di Cermes sorge seminascosto nel mezzo di vigneti e frutteti, vicino alla strada che da Merano porta a Lana. Il paesaggio della località è dominato dal Castel Monteleone/Schloss Lebenberg, un'imponente opera difensiva alle pendici del Montemarlengo.

Curiosità del luogo e dintorni

La **Chiesa di S. Sebastiano** e la **Chiesetta di S. Anna**. – Il **Castel Monteleone/Schloss Lebenberg**, costruito nel XIII sec. dai signori di Marlengo, è una delle più belle tenute del Burgraviato. Dal 1426 fino al 1828 proprietà dei conti Fuchs, ora invece della famiglia van Rossem. Vasto complesso con cappella a tre piani del XIV sec., pittoreschi cortili interni, giardini in stile francese, Sala degli specchi in stile rococò, e Sala dei cavalieri con l'albero genealogico di 12 generazioni e 264 ritratti della famiglia Fuchs, Sala d'armi, interni completamente arredati, camere con mobili rustici in stile gotico, soffitti in legno e stucchi. Orario d'apertura: fine di marzo - fine di ottobre, lunedì-sabato, ore 10.30-12.30 e 14-16.30, domenica chiuso. – Vale la pena di visitare l'interessante **Giardino-labirinto nella tenuta Kränzel**, che risale all'anno 1400 ed è ora proprietà dei conti Pfeil. La residenza ospita anche una cantina di vini pregiati. Ogni mercoledì, alle ore 16, la cantina è aperta al pubblico per visite guidate e degustazioni. Il giardino dei castagni, il giardino della pace eterna, il giardino della frutta ed il boschetto di corniolo (Cornus mas) invitano ad una piacevole sosta. Il labirinto copre una superficie di 3300 m². Orario d'apertura: fine di marzo - primi di novembre, ore 10-19. – Per altre curiosità: v. **Marlengo**.

Passeggiate ed escursioni

A Marlengo sull'ameno sentiero della roggia di Marlengo/Marlinger Waalweg: lungo il sentiero Raffeinweg al maso Tagfeithof, ore 1.30, oppure attraverso Baslan/Basling, 45 min. – Escursione circolare: per il sentiero Raffeinweg al sentiero della roggia Marlinger Waalweg, poi in direzione nord ovest in salita sul sentiero n. 33A al posto di ristoro Hofer, 812 m, e all'Alb. Tschigg, sentiero n. 31A. Si scende la carrozzabile all'Alb. Waalheim, indi sul sentiero della roggia Marlinger Waalweg a Castel Lebenberg e per Baslan, totale ore 4.30. – Escursione circolare: a Lana di Sopra, con la funivia all'Hotel Vigilius, 1450 m, indi in 20 min. sul sentiero n. 33, deviando poi a destra, sui sentieri n. 33 e 33A si scende al posto di ristoro Hofer, 812 m, e si passa davanti ai ruderi Holdersberg, giungendo a Castel Lebenberg e rientrando per Baslan, totale ore 3.

GARGAZZONE/GARGAZON G 3

Comune, Prov. di Bolzano, abitanti: 1700, altezza s.l.m.: 270 m, CAP: 39010. **Informazioni**: Associazione Turistica di Lana e dintorni. **Stazione ferroviaria**: Gargazzone. **Collegamento autobus**: Bolzano - Merano. **Impianti di risalita**: funivia Postal/loc. Staffler - Verano, funivia Vilpiano/Comune di Terlano - Albergo Etschblick.

Gargazzone, una ridente località tra Bolzano e Merano, è un importante centro della frutticoltura. Il Rio di Gargazzone, detto anche Rio Eschio/Aschler Bach, delineava nel Medioevo il confine tra la contea di Bolzano e quella di Venosta allargatasi fino a comprendere il Burgraviato. La località era anche sede di una cosiddetta «piccola corte di giudizio».

Curiosità del luogo e dintorni

La vecchia **Chiesetta di S. Giovanni**, menzionata nel 1337, ora cappella mortuaria. – La **Chiesa nuova**, ultimata nel 1928. – La **Torre del castello** presumibilmente eretto nel 1237, detta **Kröll,** (emblema della famiglia Trautson sopra l'ingresso), antica torre di guardia sul fianco orientale del paese. – Nelle dirette vicinanze una **cascata** con ben sette salti. – La **buca di ghiaccio**. – La **piscina naturale Gargazzone**.

Passeggiate ed escursioni

A Vilpiano attraverso i frutteti lungo l'Adige, ore 1.15. – A Tesimo: passata la stazione ferroviaria di Gargazzone si attraversa il ponte sull'Adige, poi si prosegue sul Moosweg, sentiero n. 18, attraverso i frutteti fino alla méta, ore 2. – A Lana: oltrepassata la stazione ed il ponte sull'Adige si prosegue sulla destra orografica del fiume fino al campo sportivo e da lì sulla strada tra Lana e Postal fino a Lana di Mezzo, ore 2. – A S. Ulrico e Salonetto/Schlaneid: dapprima si sale in direzione nord est al maso Stegerhof, sentiero n. 4; poi verso sud fino ai masi Leitner e Gatscher; dopo circa 1 km in direzione est, si attraversa il Rio Eschio, ore 1.30. Quindi si prosegue sul sentiero n. 13 per S. Ulrico, 1304 m, poi a Salonetto e all'Albergo Etschblick, 1050 m, alla stazione a monte della funivia che scende a Vilpiano, totale ore 3. – L'escursione per il Rif. Sellaio/Sattlerhütte, 1609 m,

Gargazzone: la Parrocchiale/Pfarrkirche in Gargazon

parte dalla stazione a monte della funivia Vilpiano - Albergo Etschblick, 1050 m. Da lì si prosegue fino a S. Ulrico, 1304 m; al Crocifisso presso l'Hohlweg, 500 metri a nord della Chiesetta di S. Ulrico, si continua (segnavie 15) a nord est, quasi sempre attraverso il bosco, fino al rifugio, ore 2.30. Rientro a Gargazzone sullo stesso percorso oppure deviando a nord (sentiero n. 13) all'altezza del Crocifisso sul sentiero Hohlweg e oltrepassando il Rio Eschio e i masi Gatscher, Leitner e Steger.

Escursioni circolari
Sentiero panoramico da Gargazzone: partendo dall'Albergo «Zum Turm» sulla strada statale si sale lungo la via per Verano per qualche centinaio di metri fino al segnavia «Zum Kröllturm» da cui ha inizio la leggera salita verso l'omonima torre medievale. Sulla sinistra si può ammirare il salto di 40 m del Rio Eschio. Si ritorna sullo stesso sentiero fino al segnavia succitato, indi in direzione sud al sentiero panoramico, costeggiando varie formazioni rocciose, e si scende per la nuova forestale fino al muro di protezione da cadute sassi. Il sentiero passa sopra questo muro costeggiando la vecchia statale tra Bolzano e Merano fino alla fine del sentiero panoramico, da dove si sale per i sentieri Knottnerweg e Wolfsgrubenweg alla Wolfsgrube, la «fossa dei lupi», per poi scendere ripidi alla statale. Dopo averla attraversata si segue il sentiero Großackerweg tra i frutteti e si giunge alla stazione ferroviaria di Gargazzone, ritornando in centro sulla riva sinistra dell'Adige, lungo il sentiero Binnendammweg, 3 ore. – Escursione circolare da Gargazzone per Tesimo e Lana: dal centro del paese si va verso la stazione ferroviaria, si oltrepassa il ponte sull'Adige, si sale diritti per il sentiero Moosweg a Tesimo, si scende quindi passando per il posto di ristoro Gruberkeller, 608 m, Castel Leonburg ed i ruderi di Castel Brandis e si rientra per la Strada del Vino, ore 4.30.

LANA/LANA — EF 2

Comune, Prov. di Bolzano, abitanti: 11930, altezza s.l.m.: 300-1200 m, CAP: 39011. **Informazioni**: Associazione Turistica di Lana e dintorni. **Stazione ferroviaria**: Lana - Postal (2,5 km). **Collegamento autobus**: Merano, Bolzano e la Val d'Ultimo. **Impianti di risalita**: funivia S. Vigilio, seggiovie e skilift.

Il Comune di Lana si articola nei sobborghi di Lana di Sopra, di Mezzo e di Sotto, 300 m, e nelle frazioni di Foiana/Völlan (stazione climatica, 696 m), Acquaviva/Ackpfeif e Pavicolo/Pawigl, 1200 m. Presso Lana di Sopra la Val d'Ultimo sbocca in quella dell'A-

Scorcio di Lana/Erker in Lana

dige ed il torrente Valsura attraversa la selvaggia gola Gaulschlucht per giungere nella piana. La strada della Val di Non oltrepassa il Passo Palade, 1518 m, Lana e Cermes terminando a Merano. Grazie al suo ottimo clima e alla meticolosa coltivazione dei cosiddetti «Möser» (campi rivieraschi), Lana è oggi il principale centro della frutticoltura altoatesina. Nel luogo si sono insediate varie industrie per la lavorazione della frutta nonché del legno. Originariamente Lana apparteneva alla contea di Trento ma nel 1253 passò ai conti di Tirolo. Nel 1215 l'Ordine teutonico stabilì qui il suo «baliato dell'Ordine sull'Adige». Lana è tuttora sede di quest'ordine ed ospitò anche una delle più autorevoli signorie della regione, i conti Brandis. L'Hotel Vigilius, 1450 m, a nord-ovest della località è raggiungibile con la funivia per S. Vigilio ed è punto di partenza ideale di meritevoli escursioni.

Curiosità del luogo e dintorni

A **Lana di Sotto:** la **vecchia Parrocchiale di S. Maria Assunta**, proprietà dell'Ordine teutonico, con un capolavoro del tardogotico, il più grande ed il più notevole altare a portelle del Tirolo. Realizzato da Hans Schnatterpeck, è alto ben 14,1 m e si distingue per la sua ricchezza di figure. Chiuso durante la Quaresima. La Parrocchiale fu edificata sul sito di una chiesa romanica e consacrata nel 1492. – A **Lana di Sotto:** il **Museo Sudtirolese della frutticoltura** nella tenuta medievale Larchgut: su 2000 m^2 si espone la documentazione storica ed attuale della frutticoltura della zona. Orario d'apertura: da metà marzo ai fine di ottobre, lunedì-sabato, ore 10-17 (chiuso domenica e a giugno anche il sabato). – **A Lana di Mezzo:** la **Parrocchiale della S. Croce,** 1938: organo, tetto del campanile soprannominato «la mela di Lana». – Sempre a **Lana di Mezzo:** la **Cappella di S. Margherita** presenta tre absidi romaniche ed un ciclo di affreschi del 1215. Fu donata dall'imperatore Federico II all'Ordine teutonico. È visitabile solo durante le **visite storico-culturali** della località organizzate dall'ufficio turistico da aprile a fine ottobre. – Le **rovine di Castel Brandis**, XII sec. (non visitabile). – Sopra la gola Gaulschlucht si erge il **Castello di Montebruno/Braunsberg** (non visitabile) con la cappella di S. Blasio. – **Castel Leone/Leonburg**, XIII sec. – **Castel Mayenburg** (non visitabile). – A **Foiana:** la **Parrocchiale** (notevoli affreschi). – Il **Museo degli usi e costumi** conserva antichi oggetti d'arredamento contadino ed arnesi da lavoro. Aperto da Pasqua ad Ognisanti, martedì e venerdì, ore 14-17, domenica ore 15-17. – La **Chiesetta di S. Ippolito**, XIII sec. – La **Gola/Gaulschlucht** (in estate vi si effettuano rappresentazioni teatrali). – La **Cappella di S. Magno**, situata nel vecchio podere del convento dei Benedettini di Sankt Mang/Füssen sull'antico sentiero per la Val d'Ultimo. La pianta a croce con abside e cupola coronata da una lanterna fu consacrata nel XVIII sec. e conserva statue a grandezza naturale dei SS. Magno, Benedetto e Scolastica. La chiave si può ritirare presso il vicino maso Gagerserhof. – Da aprile ad ottobre l'ufficio turistico organizza anche **escursioni geologiche** da Foiana a Bagni di Foiana/Völlaner Badl alla scoperta di vari tipi di roccia di epoche diverse. – **Escursioni nei frutteti** con prove di assaggio (da marzo a settembre). – **Itinerario didattico culturale-naturalistico** all'**Aichberg**. – Interessante anche il **Sentiero didattico sul castagno** a **Foiana** (Foto, informazioni e giochi all'insegna della castagna; lunghezza: 2 km).

La Chiesetta sul Monte S. Vigilio
Kirche am Vigiljoch

Passeggiate ed escursioni

Da Lana di Sopra alla Gola/Gaulschlucht: si attraversa il Rio Valsura sulla strada che collega Cermes a Lana di Sopra e lungo il rio si arriva alla Gola, 30 min. – Escursione circolare: Lana di Sopra, Foiana, Chiesa di S. Ippolito, Castel Leone/Leonburg, Lana di Sotto, Lana di Sopra: da Lana di Sopra ci si dirige verso sud sulla strada del Passo Palade/Gampenjoch, dopo ca. 500 m verso Ratisio/Rateis, sentiero n. 6. Da lì sui sentieri n. 10B e 10 si continua fino alla strada carrozzabile oltrepassando a ovest il Castel Maggio/Mayenburg, ore 1.30. Si continua sul sentiero n. 10 a Foiana, 30 min. Sul sentiero n. 8 si sale al maso Obermayer e da lì si giunge alla chiesetta di S. Ippolito, 30 min. Si scende indi lungo il pendio, oltrepassando la galleria della strada del Passo Palade e si arriva sulla strada tra Narano e Tesimo. La si percorre fino al bivio per Lana di Sotto, oltrepassando il maso Plattner, Castel Leone ed i ruderi di Castel Brandis, sentiero n. 5, ore 1.45; si torna sulla strada fino al punto di partenza, totale ore 5. – Alla Malga di Naturno, 1910 m: con la funivia (Vigiljochbahn) si sale all'Hotel Vigilius,1450 m. Dalla stazione a monte sul sentiero n. 34 al Monte S. Vigilio/Vigiljoch, 1743 m, si prosegue indi sui sentieri n. 9 e 30 fino alla malga. Ritorno sullo stesso percorso, totale ore 6. – Alla Cima grande del M. Luco/Laugen, 2434 m: con l'autobus fino al Passo Palade, 1518 m; da lì devia verso ovest il sentiero n. 133 (Via ferrata Aldo Bonacossa). Si attraversa il Rio Luco/Laugenbach, oltrepassando poi la Legerhütte ed il lago di M. Luco/Laugensee, fino alla cima, ore 3.30 (solo per esperti). – Dal Passo Palade a est sul sentiero n. 50 alla Forcella di Mezzodì/Mittagsschartl, 1647 m, e sul M. del Cambio/Tillberg, 1760 m, ore 1.30 (media difficoltà).

MARLENGO/MARLING — E 1

Comune, Prov. di Bolzano, abitanti: 2630, altezza s.l.m.: 363 m, CAP: 39020. **Informazioni:** Associazione Turistica di Marlengo. **Stazione ferroviaria:** Merano. **Collegamento autobus**: Merano.

Il Comune di Marlengo, sulla riva destra dell'Adige, è quasi inglobato a Merano. La sua posizione ai piedi del Monte Marlengo lo protegge dai venti e permette un piacevole soggiorno anche durante la stagione calda. Maestosi masi rurali, numerose pensioncine ed alberghi contraddistinguono il paesaggio tra frutteti e vigneti. La località, già menzionata nel XIII sec. con il nome di Merninga, apparteneva alla contea di Appiano-Ultimo. Con

In cammino lungo la roggia di Marlengo/Unterwegs am Marlinger Waalweg

la morte di questa stirpe di guelfi, i conti di Tirolo ricevettero Marlengo in feudo e lo incorporarono nel Burgraviato insieme alle altre località limitrofe.

Curiosità del luogo e dintorni

La **Parrocchiale di S. Maria Assunta**, 1889, neogotica. Dell'originaria chiesa romanica del XIII sec. sono rimasti solo il campanile e la cappella laterale che funge da sacrestia. Affreschi e sculture in legno. Durante la ristrutturazione sono venuti alla luce resti di un antico luogo di sacrificio. Notevoli sono inoltre il mosaico, le stazioni della Via Crucis, il gruppo della Crocifissione ed i 4 bassorilievi del XVI sec. – A monte del sentiero della roggia/Waalweg si trova la **Chiesetta di S. Felice** (anteriore al 1500) con la fontana di acqua sorgiva nel pavimento della navata principale, alla quale un tempo si attribuivano proprietà taumaturgiche. – Da aprile ad ottobre l'associazione turistica propone **visite guidate storico-artistiche del paese**, in primavera ed a tarda estate **itinerari didattici sulle mele** con visita del consorzio frutticolo Cofrum e **visite enologiche con degustazione** alla cantina storica Popphof, alla cantina Merano Burgräfler ed alla distilleria privata Unterthurner. – **Percorso vita.**

Sentiero della roggia di Marlengo/Marlinger Waalweg

Nel corso di alcuni secoli i Certosini di Senales riuscirono ad espandere la loro influenza economica al punto di diventare i proprietari di più di due terzi dei masi e delle malghe della località. Nel XVIII sec. acquisirono anche un maso a Marlengo. Per poterlo rendere redditizio dovettero provvederne all'irrigazione. Tra il 1737 ed il 1757 costruirono così un canale d'irrigazione (roggia) in superficie che ancor oggi trasporta acqua a Marlengo. Pur essendo stato parzialmente interrato ed ampliato, il canale è affiancato da un percorso che è diventato una delle passeggiate più frequentate del Burgraviato. Si svolge per 13 km a monte di Marlengo e collega il Rio Tel lungo l'omonimo canale d'irrigazione a Lana di Sopra (bei paesaggi!), 5 ore ca. Per 2 km inoltre è arricchito da un **percorso didattico-naturalistico** che approfondisce quanto può farci conoscere il bosco.

MELTINA/MÖLTEN H 3

Comune, Provincia di Bolzano, abitanti: 1660, altezza s.l.m.: 1142 m, CAP: 39010. **Informazioni**: Associazione Turistica di Meltina. **Stazione ferroviaria**: Terlano (10 km). **Collegamento autobus:** Bolzano e Merano con partenze da Terlano. **Impianti di risalita**: funivia di Vilpiano (fraz. di Terlano) – Albergo Etschblick.

Meltina è il capoluogo di un'estesa zona di insediamento rurale attraverso il cosiddetto «Tschögglberg» (Monzoccolo-Salto). La località si adagia sul terminale superiore della valle che da Vilpiano sale lungo il Rio Meltina, su di un pianoro. Già da tempo meta degli amanti della natura, attirati dagli antichi masi rurali e gli accoglienti alberghi. Nei masi rurali sono ancora vive le vecchie tradizioni. Meravigliosi boschi di larici, pascoli e prati ed un silenzio ristoratore fanno dimenticare il tempo o la fretta. La località di Frassineto a sud di Meltina è riuscita a mantenere il suo carattere arcaico. Per giungere a Meltina si può approfittare della funivia che parte a ca. 3 km a sud di Gargazzone, nella frazione di Vilpiano, in Val d'Adige, oppure si segue la strada provinciale che si diparte a nord di Terlano, oppure la strada proveniente da Merano per Avelengo e Verano. Meltina è punto di partenza per escursioni anche sull'altopiano del Monzoccolo la cui parte meridionale tra S. Genesio e Lavenna è più conosciuta con il nome di Salto. Questa regione negli ultimi anni si è sviluppata anche come centro di sport invernali (sci di fondo).

Curiosità del luogo e dintorni

Nel XIII sec. il territorio del Comune comprendeva una Parrocchiale e sei altre Chiese minori. La **Parrocchiale S. Maria Assunta** festeggia la Vergine Maria il 15 agosto. Dell'edificio originariamente romanico si conservò solamente la parte inferiore del campanile. La chiesa subì un ritocco gotico nel XV sec. e venne allungata nel 1651 in stile rinascimentale. Di particolare interesse si rivela l'incoronazione della Vergine, tardogotica, sull'altar maggiore e la predella gotica, opera di un allievo di Michael Pacher, sull'altare laterale, che raffigura la morte di Maria. – La **Chiesa di S. Anna al cimitero**, romanica, sembra essere più antica della Parrocchiale. Sull'altare ligneo in stile barocco custodisce una preziosa Pietà in stucco, 1440. – Nella frazione di **Frassineto** la **Chiesa di S. Biagio** festeggia il suo patrono con la benedizione di S. Biagio il 3 febbraio. Il campanile è romanico, mentre la chiesa è stata ampliata nel 1500 con ritocchi gotici. Notevole è l'affresco barocco del 1621 «Alla tavola del ricco». – Nella frazione di **Salonetto** fu costruita nel 1769 la **Chiesetta di S. Valentino** su richiesta della popolazione sul sito odierno ed in uno stile barocco quasi sobrio. I ruderi dell'antica Chiesa di S. Valentino, venuta alla luce nel 1990, si trovano nel bosco Valteswald poco sotto la loca-

Meltina sull'altopiano del Monzoccolo (Salto)/Mölten liegt auf dem Tschögglberg

lità. La pala d'altare del vescovo Valentino fu dipinta da Franz Unterberger di Cavalese. Le stazioni della Via Crucis sono opera di Josef Sparer, 1770. – In località **Gschleier** l'escursionista che sosta presso la **Chiesetta di S. Ulrico** gode lo splendido panorama sulle montagne circostanti. L'edificio originario, in stile romanico, venne ricostruito nel 1859. La pala d'altare con il vescovo Ulderico è opera dell'artista Psenner, di Umes/Ums. – La **Chiesetta di S. Giorgio** giace su un'altura d'interesse storico presso **Vallesina**. Numerosi reperti di bronzo testimoniano un insediamento preistorico. L'altare ligneo gotico è adornato con le statue dei santi Giorgio, Osvaldo e Leonardo. – La romanica **Chiesetta di S. Giacomo** a **Lavenna**, 1527 m, è adagiata sul punto più alto dell'altopiano del Salto, ben visibile da lontano. È situata su un luogo preistorico. S. Giacomo, il patrono degli escursionisti, è accompagnato sull'altare dai due patroni della peste, S. Rocco e S. Sebastiano. – Il «**Roßhimmel**», o paradiso dei cavalli, ampi pascoli per i famosi cavalli avelignesi in mezzo ad estese radure di larici. – A Meltina si trova la **cantina di spumante** (Arunda Vivaldi) più altolocata d'Europa!

Impianti per il tempo libero: maneggio, percorso-vita, pista naturale per il gioco delle bocce, campi da tennis, pista per lo sport stock su asfalto, campo da calcio con anello corse.

Passeggiate

A Frassineto in direzione sud attraverso Vallesina passando per l'Albergo Tschaufen (maneggio), 45 minuti. – A Salonetto, 45 minuti. Ritorno continuando verso sud fino all'Alb. Etschblick, 1026 m, e sul sentiero n. 1 al punto di partenza, ore 1.15. – Ad Avelengo: sul sentiero n. 14 per il bosco fino alla frazione di Eschio, ore 1. Lì si attraversa il Rio Eschio/Aschlbach, ci si volge prima a ovest poi a nord (sentiero n. 16) passando per il posto di ristoro Rohrer, la malga Leadner Alm, 1514 m, e l'Alb. Brunner, in totale ore 3. – All'Albergo Langfenn, 1527 m: verso est sul sentiero n. 4 e da lì sul sentiero n. 1 per 600 m in direzione sud fino alla meta, ore 1.15. – Escursione lungo il sentiero europeo E 5.

MERANO/MERAN EF 1

Comune, Prov. di Bolzano, abitanti: 39460, altezza s.l.m.: 324 m, CAP: 39012. **Informazioni**: Consorzio turistico Merano Marketing, Via Palade 95 e Azienda di Cura, Soggiorno e Turismo Merano, Corso Libertà 45. **Stazione ferroviaria**: Merano (collegamento per Malles Venosta e per Bolzano). **Collegamento autobus**: Naturno, Silandro, Bolzano, Fondo, e nelle valli Passiria, d'Ultimo e Senales. **Impianti di risalita**: numerose funivie, seggiovie e sciovie (comprensorio sciistico di Merano 2000).

Merano venne fondata dai Celti. I toponimi di Maia Alta e Maia Bassa ricordano quelli latini di Castrum Maiense. Nei dintorni di Merano operò l'apostolo dei Reti, S. Valentino; nel 730 morì qui il primo vescovo di Frisinga/Freising, S. Corbiniano. I conti di Venosta ricevettero Merano in feudo nel 1234 dai vescovi di Trento. Venne elevata al rango di città nel 1317. Dal 1363 Merano diventò la capitale del Tirolo e tale rimase per oltre 100 anni. Al tempo di Andreas Hofer fu teatro della guerra d'indipendenza tirolese del 1809. Ritornata all'Austria nel 1814, la città si sviluppò soprattutto dopo la metà del XIX sec. fino a divenire un luogo di cura internazionale in un paesaggio distensivo. L'acqua ricca di radon è particolarmente indicata per disturbi circolatori, affezioni reumatiche, affezioni croniche dell'apparato motorio e dell'apparato respiratorio, ecc. Famosa in tutto il mondo è inoltre la cura dell'uva meranese, ideale per depurare il corpo. Terme Merano è aperto tutti i giorni.

Curiosità del luogo e dintorni

La **Parrocchiale di S. Nicolò**, gotica, è un edificio a sala a tre navate. Il campanile, alto 83 m, è il simbolo della città. Di particolare interesse artistico sono gli altari ed il pulpito. – Al riparo della parrocchiale si trova la **Cappella di S. Barbara**, coeva, bella costru-

Castel Tirolo coronato dai Monti Sarentini/Schloss Tirol mit den Sarntaler Alpen

zione a due piani, a pianta ottagonale, con una volta a stella. – La **Torre delle Polveri/ Pulverturm** è un mastio dell'antico Castel Ortenstein, menzionata per la prima volta nel 1327 ed adibita a deposito di esplosivi nel 1629. Bel panorama sulla città.– La **Chiesa del Santo Spirito**, fondata nel 1271 da Mainardo II, duca di Tirolo. Nel 1419 la chiesa fu completamente distrutta da una piena del Passirio. Fu ricostruita nel 1483. – Il **Castello Principesco**, XV sec., residenza dei Principi di Tirolo e dell'arciduca Sigismondo. Notevole l'arredo gotico. Il castello è uno dei meglio conservati dell'Alto Adige. Presenta una collezione di armi storiche ed illustra la vita del tardo Medioevo. Orario d'apertura: una settimana prima di Pasqua-6 gennaio, martedì-sabato ore 10.30-17, domenica e festivi ore 10.30-13, tel. 0329/0186390. – Il **Palais Mamming Museum (ex Museo civico di Merano)** espone collezioni storiche e preistoriche (tra cui due dei menhir ritrovati a Lagundo, pietre di culto risalenti al 2000 a.C. ca.!), di arte e tradizioni popolari, minerali, sculture gotiche e collezione di dipinti dal XVII al XX sec. di artisti prevalentemente tirolesi. Piazza Duomo 6, Orario d'apertura: da Pasqua-6 gennaio, martedì-sabato ore 10.30 – 17, domenica e festivi ore 10.30-13, Tel. 0473/270038. – Nel **Museo della Donna** vengono documentati 200 anni di storia al femminile: abiti, accessori e strumenti della vita quotidiana illustrano i ruoli svolti dalle donne nella società ed il loro divenire, una collezione unica in Europa. Sede: Via Mainardo 2 (nell'edificio della Banca Popolare/ Volksbank). Orario d'apertura: lunedì-venerdì ore 10-17, sabato ore 10-12.30. – **Museo Ebraico** e **Sinagoga** (costruito nel 1901 in Via Schiller): la comunità ebraica di Merano svolse un ruolo importante dalla fine del secolo scorso allo scoppio della seconda guerra mondiale. Il Museo raccoglie interessanti reperti della tradizione ebraica, della storia e delle persecuzioni degli Ebrei. Aperto tutto l'anno - escluse le festività ebraiche - martedì e mercoledì ore 15-18, giovedì e venerdì ore 9-12. – **Monumento ad Andreas Hofer**. – Nel **vecchio borgo medievale**: le **Porte Venosta, Passiria** (agile torre con porta a sesto acuto e tetto a due spioventi) e **Bolzano** (sul lato meridionale si possono ammirare gli stemmi scolpiti dell'Austria, del Tirolo e della città di Merano), parti integranti dell'antica cinta di mura del XV sec. – Meinardo II, conte di Tirolo, a metà del XIII sec. fece costruire i famosi **Portici**, lunghi ben 400 m, che collegano Piazza Duomo con Piazza del Grano e

Rose nel giardino delle clematidi con il laghetto delle ninfee e Castel Trauttmansdorff sullo sfondo
Rosen im Clematisgarten mit Schloss Trauttmansdorff und Seerosenteich im Hintergrund

sono l'indirizzo più ambito per gli acquisti. Le facciate degli edifici vennero ristrutturate tra il XVI ed il XVII sec. spesso con l'aggiunta di bovindi e ricche decorazioni. – **Merano Arte/Kunst Haus Meran**: su una superficie di 500 m² ripartita su tre piani nell'edificio della Cassa di Risparmio al n. 163 di Via Portici vengono organizzati esposizioni, concerti, incontri letterari, seminari e altro. Aperto da martedì a domenica ore 10-18. – Il **Teatro Puccini** è un vero gioiello architettonico in stile liberty e neoclassico. Costruito nel 1901 su progetto dell'architetto Martin Dülfer, di Monaco di Baviera, ospita una piccola, ma preziosa biblioteca con i testi in lingua tedesca di tutti gli spettacoli teatrali che sono stati ivi rappresentati dal 1900 al 1930. Visitabile solo in occasione di concerti, spettacoli, ecc. – Il **Casinò Municipale/Kurhaus**, splendido edificio in stile liberty realizzato su progetto dell'architetttto Friedrich Ohmann, aperto al pubblico nel 1914. La Sala Grande accoglie 1000 posti a sedere. Oggi prestigioso centro polifunzionale e congressuale. Visitabile solo in occasione di concerti, spettacoli, ecc. – Le moderne **Terme di Merano**, progettate dall'architetto Matteo Thun, si raggiungono in pochi minuti a piedi dai Portici e dalla Passeggiata Lungo Passirio. L'impianto, caratterizzato da un cubo di vetro e acciaio, offre 25 vasche all'interno ed all'aperto e ben otto saune che soddisfano ogni esigenza di relax e di benessere. In l'estate ci si può trattenere anche nel parco delle terme con il romantico laghetto delle ninfee ed il percorso balneare. – **Parchi** e **Passeggiate**: i parchi Marconi, Schiller e Maia; le passeggiate Tappeiner, Gilf, Lungo Passirio, d'Estate e d'Inverno. – **Castel S. Zeno/Zenoburg**, complesso difensivo romano con cappella di S. Zeno. È proprietà privata e non è visitabile. – **Castel Winkel**, edificio rinascimentale, residenza temporanea di Claudia de' Medici, duchessa di Tirolo. È proprietà privata e non è visitabile. – **Castel Rubein**, XIII sec., casa natale del cantore medioevale Berthold Rubein, un allievo di Walther von der Vogelweide. – **Castel Rametz**, XIII sec., situato al centro di rinomati vigneti; visita guidata al **Museo del**

Vino e alle **Cantine** con **degustazione guidata di vini** e **vendita**. – I **Giardini di Castel Trauttmansdorff**, la meta più amata dell'Alto Adige, presentano da inizio aprile fino a metà novembre, in un anfiteatro naturale, oltre 80 ambienti botanici con piante da tutto il mondo. Numerose stazioni dedicate all'esperienza sensoriale, insieme ad una variegata serie di manifestazioni, entusiasmano giovani e meno giovani, rendendo la visita ai giardini un'esperienza indimenticabile. Dalla splendida fioritura di migliaia di tulipani agli inebrianti colori invernali, i giardini affascinano in continuazione con i loro appuntamenti musicali e gastronomici. Nel cuore dei giardini troneggia il **castello** dove un tempo l'amata Imperatrice Elisabetta trascorreva la stagione invernale. Oggi ospita il **Touriseum**, il **Museo provinciale del Turismo**, che racconta 200 anni di storia del turismo alpino. Orario d'apertura dei giardini: fine di marzo-metà ottobre, ore 9-19; metà ottobre-fine di ottobre, ore 9-18; 1°-15 novembre, ore 9-17; in giugno, luglio e agosto, venerdì, ore 9-23. Nessun giorno di riposo! – Il **sentiero di Sissi** porta dai giardini fino al centro città di Merano. – I seguenti **castelli** sono proprietà privata: Gaiano/Goyen, Knillenberg, Reichenbach, Planta, Castel del Gatto/Burg Katzenstein, Castel Foresta/Forst. – Questi altri invece sono diventati **alberghi**: Castel Rundegg, Labers, Verruca/Fragsburg. – Il **Cimitero militare austro-ungarico** (I guerra mondiale) ed il **Cimitero militare tedesco** (II guerra mondiale). – **Castel Tirolo** (v. **TIROLO**). – L'**Ippodromo di Maia Bassa**, al n. 9 di Via Palade, è una delle più belle strutture dell'ostacolismo a livello europeo. La stagione ippica va da metà maggio a metà giugno e da fine luglio a fine ottobre. Il Gran Premio abbinato alla Lotteria Nazionale ha luogo l'ultima domenica di settembre! – L'**Arena di Merano**, al n. 74 di Via Palade, è un centro polifunzionale con campo di pattinaggio su ghiaccio, piscina e palestra per l'arrampicata libera. – Il **Circolo di Tennis** di Merano, al n. 46 di Via Piave, offre campi all'aperto e al coperto.

Il rinomato Casinò Municipale di Merano/Das berühmte Kurhaus in Meran

Passeggiate ed escursioni
V. anche le carte escursionistiche KOMPASS 1:25 000, foglio 053 «Merano» e 1:50 000, foglio 53 «Merano e dintorni».
Attorno a Merano sulla passeggiata Tappeiner ed i sentieri lungo le rogge, detti «Waalwege»: presso il Ponte della Posta si attraversa il Passirio e lungo la riva orografica destra si sale in serpentine fino alla strada che conduce a Castel S. Zeno/Zenoburg; si segue poi la passeggiata Tappeiner fino alla strada da Quarazze/Gratsch per Castel Torre/Thurnstein, ore 1.30, su cui si prosegue. Presso il bivio del sentiero che proviene da S. Pietro per Quarazze si segue prima il sentiero lungo la roggia/Waalweg di Lagundo e poi quello di Plars fino all'Alb. Leiter am Waal, ore 1. In 15 min. si scende al ponte di Tel; attraversato l'Adige si cammina lungo la strada che collega Tel a Foresta fino al sentiero lungo la roggia di Marlengo. Si segue questo sentiero (incavato nella roccia, richiede sicurezza di passo) si passa davanti al posto di ristoro Schönblick e più a sud si incontra la Chiesetta di S. Felice, poi si arriva a Marlengo. Da lì si può ritornare a Merano con l'autobus, totale ore 4. – Dalla Parrocchiale di Merano al Castel Tirolo: passando per l'Alb. Traubenheim ed il M. di Merano/Küchelberg si arriva a Tirolo, ore 1.15; da lì (sentiero n. 26) fino al castello avito; si continua per S. Pietro (affreschi, è la più antica chiesa del Burgraviato) per arrivare al Castel Torre/Thurnstein, 45 min. Quindi in direzione ovest per Lagundo si giunge alla fermata dell'autobus presso l'Alb. Löwenwirt, totale ore 3. – A Lana di Sopra: dapprima si entra nel paese di Marlengo e da lì si percorre il sentiero lungo la roggia/Waalweg di Marlengo fino al Castel Monteleone/Lebenberg, 45 min.; ci si porta oltre fino all'incrocio con la carrozzabile per Cermes. Si segue quindi il sentiero n. 33 e si attraversa il ponte sul Rio Valsura/Falschauerbach per Lana di Sopra, totale ore 2. – Per il Castel Verruca/Fragsburg e per Postal si lascia Merano presso il poligono di Maia Alta (sentiero n. 1). Passando davanti al Castel Gatto/Katzenstein si sale per le serpentine al castello, ore 1.30. Ritorno sul sentiero n. 1 oltrepassando il Rio Sinigo/Sinichbach fino al bivio e si scende a Postal, totale ore 2.30. – A Scena: dalla Porta Passiria si oltrepassa il Passirio, poi in direzione nord-est fino alla meta, 45 min. Ritorno per Villa di Sopra, S. Giorgio e continuando (sentiero n. 18) in direzione sud per Castel Gaiano/Goyen, 45 min.; passati i Castelli Labers e Rametz si raggiunge Maia Alta, frazione di Merano, totale ore 2.30.

NALLES/NALS G 4

Comune, Prov. di Bolzano, abitanti: 1940, altezza s.l.m.: 313 m, CAP: 39010. **Informazioni**: Associazione Turistica di Nalles. **Stazione ferroviaria**: Vilpiano (2 km). **Collegamento autobus:** Bolzano e Merano.

Il Comune di Nalles, posto sul versante destro della Valle dell'Adige, è uno dei principali centri della frutticoltura e della viticoltura altoatesina. In questa zona si coltiva il bianco Sirmianer ed altri rinomati vini. I pittoreschi castelli che si ergono sopra le gole dei rii Sirmiano e Grissiano così come pure i vigneti che si spingono fino alla piana uniscono qui natura e nuclei abitati creando un insieme armonioso. I signori del Castel del Cigno/Schwanburg, l'antica «Haus in der Gaul», e quelli dell'imponente Castel Bavaro/Schloss Payersberg determinarono le sorti di questo lembo di terra fin dal primo Medioevo.

Curiosità del luogo e dintorni
La **Parrocchiale di S. Ulrico**. – **Castel del Cigno**, menzionato per la prima volta nel 1286, ristrutturato nel XVI sec., con lapidi romane murate; rari legni pregiati nel parco, decantati un tempo dai menestrelli medioevali. Pittoresco gruppo di edifici singoli e loggiati, cantina. – Visita della **Cantina sociale** di Nalles e degustazione vini, mercoledì, ore 16.00 – I **ruderi** di **Castel Bavaro**, XIII sec. – A **Sirmiano**: **Chiesetta di S. Apollonia**, forse una delle più pittoresche cappelle altoatesine. – A **Grissiano**: la **Chiesetta di**

Panorama verso Nalles/Blick auf das Ortszentrum von Nals

S. Giacomo, XII sec., affreschi romanici. – **Castel Valle/Fahlburg**, ampliato nel 1515. – **Castel Gatto/Burg Katzenzungen**. – **Castel Wehrburg**. – I **ruderi di Castel Casaccia/ Ruine Kasatsch**. – **Castel Stachelburg**: impianto del primo Rinascimento con affreschi della seconda metà del XVI sec., ospita attualmente un posto di ristoro.

Passeggiate

Escursione circolare Nalles, Sirmiano di Sotto e di Sopra, S. Giacomo/St. Jakob, Grissianer Hof, Prissiano, Casaccia di Sopra/Oberkasatsch, Nalles: dalla chiesa sul sentiero n. 9 al Castel del Cigno/Schwanburg, alle rovine di Castel Bavaro/Payersberg, 45 min, attraverso Sirmiano di Sotto e poi di Sopra alla Chiesetta di S. Apollonia/St. Apollonia sul colle, 45 min. Quindi attraverso il bosco per S. Giacomo/St. Jakob fino a Grissiano (sentieri n. 7 e 8) e al Grissianer Hof, ore 1; si arriva a Prissiano in 30 min. sul sentiero n. 8. Ritorno sul sentiero n. 2 passando per Castel Valle/Fahlburg, poi a nord di Castel Gatto/Katzenzungen, e per i masi Oberkasatsch e Unterkasatsch a Nalles, totale ore 4. – Escursione circolare: sulla carrozzabile (sentiero n. 5) al Regelehof, 20 min.; da lì si prende prima a nord fino al maso Bittnerhof, poi di nuovo a sud fino ai masi Sattel e Innertinner, sentiero n. 6, quindi si prosegue verso nord ovest sul sentiero n. 8 fino alla Chiesetta di S. Apollonia/St. Apollonia, ore 1.30. Ritorno sulla carrozzabile, totale ore 3. – Ai ruderi di Castelforte/Festenstein e a Gaido: sul sentiero n. 5 per il Regelehof e il Koflerhof si cammina poi sulla Strada del Vino, passando davanti al Castel Tordilupo/ Wolfsthurn, fino all'uscita ovest dell'abitato di Andriano. Per una ripida salita il sentiero n. 15 giunge alle rovine di Castelforte/Festenstein e oltre fino a Gaido, 902 m, ore 3. Ritorno a Nalles per i sentieri n. 8 e 9, totale ore 4.30.

PARCINES/PARTSCHINS C 1

Comune, Prov. di Bolzano, abitanti: 3650, altezza s.l.m.: 618 m, CAP: I-39020. **Informazioni**: Associazione Turistica di Parcines - Rablà - Tel. **Stazione ferroviaria**: Tel e Rablà. **Collegamento autobus:** con Merano e la Val venosta. **Impianti di risalita**: funivia Rablà - Rio di Lagundo, funivia panoramica Texel: Parcines - Moncucco/Giggelberg.

Il Comune di Parcines si estende in parte su territorio venostano, in parte su territorio del Burgraviato, ai piedi delle cime parzialmente ghiacciate del Gruppo di Tessa. La frazione di Rablà, 525 m, giace amena sul fondovalle. Si tratta probabilmente di un antichissimo

Le vie romane delle Alpi
La via Claudia Augusta, protostrada d'Europa

La via Claudia Augusta fu tracciata nel 16 a.C. da Druso Maggiore durante la campagna militare con la quale portò i confini dell'impero romano oltre le Alpi, sino alle sponde del Danubio. Fu ultimata nel 47 d.C. dall'imperatore Claudio, da cui prese il nome. La strada si estendeva per 350 milia passuum da Altino/*Altinum*, allora importante porto sull'Adriatico non lontano da dove sorgerà Venezia, sino all'avamposto settentrionale di Augsburg/*Augusta Vindelicum*. Risaliva i bacini dei fiumi Piave, Brenta ed Adige e scendeva lungo quelli dell'Inn e del Lech. Dopo Altino il tracciato toccava Feltre/*Feltria*, Borgo Valsugana/*Ausugum*, Trento/ *Tridentum*, Merano/*Maia*, il Passo Resia, Landeck/*Medullum*, il Fernpass, Füssen/*Foetibus*, Epfach/*Abodiacum*, Augsburg. Di là raggiungeva Burghöfe/*Submuntorium*, non lontano da Donauwörth. Fu per quei tempi un'opera colossale: il primo e più lungo asse viario transalpino dell'età imperiale. Nata come strada militare, la via Claudia Augusta divenne un'importante via per gli scambi commerciali e culturali, vero strumento di incontro e di integrazione tra le civiltà latina e germanica. Con i suoi 520 km, la via Claudia è oggi il più lungo e antico tracciato storico-escursionistico d'Europa; quello che in assoluto riassume in se il meglio delle bellezze paesaggistiche delle Alpi, dalle suggestive colline bavaresi alla gioiosa pianura adriatica. Gli innumerevoli tesori d'arte e i rari patrimoni culturali sparsi in 5 regioni di 3 diverse nazioni ne fanno uno dei percorsi europei più vitali e completi.
Nella presente cartografia la Via Claudia Augusta si snoda da Andriano a Rablà, una frazione di Parcins. È questo uno straordinario tracciato, tra i più suggestivi e carico di memorie storiche in Alto Adige.
Interamente esposto a mattina, il tracciato proseguiva, tenendosi alto sulla valle, per Andriano, Tesimo, Lana e Marlengo prima di scendere nei pressi di Lagundo/Algund da dove raggiungeva Merano/*Maia* o *statio Maiensis*. Era questo l'estremo presidio militare della *X Regio italica*, posto anch'esso alla confluenza di due valli, a poco più di un miglio dal confine con la Rezia. A Lagundo/Algund, nei pressi della piscina, si conserva una monumentale spalletta di un ponte, il più massiccio manufatto romano dell'intera regione, giunta sino a noi intatta perché completamente interrata dopo lo spostamento a sud del corso dell'Adige che oggi si attraversa, ancora nello stesso luogo, con una ardita passerella in legno posta alle spalle della birreria di Forst. Quindi con una rapida salita, ora in riva sinistra dell'Adige, si raggiunge l'imbocco della Val Venosta/Vinschgau nei pressi di Tel/Töll e poco oltre si incontra Rablà/Rabland. Qui, sulla linea di confine, fu posto da Claudio uno dei cippi miliari (ritrovato nel 1552 e oggi conservato nel museo civico di Bolzano) con i quali volle che fossero ricordate le gesta militari del padre e la sua grande strada transalpina. Poi il sovrapporsi di nuovi tracciati a causa della continue esondazioni del fiume hanno di fatto sepolto ogni traccia della via Claudia Augusta. Sopravvivono però testimonianze di antichi insediamenti come lo stupendo oratorio di San Procolo/St. Prokulus a Naturno/Naturns (VIII sec.), il primo di una serie di luoghi di culto posti lungo la valle e le cui origini si perdono nella notte dei tempi.

Testo a cura della Società Archeologica Claudia Augusta
Via Marsiai 1 • I-32030 Cesiomaggiore (BL) • E-mail: claudiaugusta@libero.it
Fax: 0039/0439/43650

La Funivia Panoramica Texel conduce da Parcines al Moncucco/Giggelberg (664 – 1544 m)
Texelbahn von Partschins auf den Giggelberg (664 – 1544 m)

insediamento sull'antica via tracciata dalla popolazione locale, i Venosti, sulla quale si costruì più tardi la Via Claudia Augusta. I più importanti reperti archeologici sono costituiti da un'ascia dell'era del bronzo e una pietra miliare romana. Presso il Rio Tel l'Adige lascia la Val Venosta. Nella prima metà del III sec. d.C. nei dintorni di Parcines si trovava una stazione doganale romana (Tel = telonium = dogana) sul confine della provincia romana della Rezia.
La frazione di Tel è l'ultimo insediamento nella valle principale. Con un gradino di 200 m la Val Venosta si immette nell'ampio bacino meranese e da lì parte anche la strada che collega alla località principale di Parcines, 618 m. Il paese giace su un enorme conoide di deiezione. Probabilmente anche Parcines è un antico insediamento.

I Laghi di Sopranes nel Gruppo di Tessa/Die Spronser Seen liegen in der Texelgruppe

Curiosità del luogo e dintorni

Nella **Valle del Rio Tel/Zieltal** a monte del paese venne trovato il famoso basamento dell'ara Dianae, **altare di Diana**, la cui iscrizione latina fa presumere l'esistenza di una stazione doganale nel III sec. d.C. – All'Hochhuberhof è murata una **tavola marmorea**, probabilmente una lapide tombale. Un romano, di nome M. U. Primigenius ricorda il defunto figlio Q. C. Eutropius. – Un altro reperto archeologico, la cosiddetta **pietra di Nemesis**, si può ammirare al Museo Civico di Merano. – Nel Medioevo il paese fu la dimora dei signori di Parcines, il castello passò più tardi al casato degli Stachl da cui deriva l'attuale nome di **Stachlburg**. – La **Parrocchiale dei SS. Pietro e Paolo** è una costruzione tardogotica. All'interno belle sculture, parti di un altare di Jörg Lederer. – Degno di particolare menzione è inoltre **Peter Mitterhofer**, cittadino di Parcines, carpentiere e fabbricante di strumenti, considerato il vero inventore della prima **macchina da scrivere** funzionante, anche se da ciò non trasse alcun vero profitto. Il **Museo della macchina da scrivere/Schreibmaschinenmuseum**, dedicato a questo personaggio, ha risonanza mondiale. Ben 1200 oggetti offrono una panoramica esauriente di oltre un secolo di storia della macchina da scrivere (1864-1980). – Nel giugno del 2005 è stato inaugurato il **sentiero didattico/Kulturwanderweg Peter Mitterhofer**. Ha un percorso circolare che tocca 12 stazioni con tabelloni che raccontano la storia del paese e di Peter Mitterhofer. – **Castel Spauregg**, con la **sequoia** di oltre 170 anni nel parco. – La **Torre Gaudententurm**, 1357. – A **Rablà**: **Chiesetta di S. Giacomo**, 1513. – A **Tel**: **Chiesetta di S. Elena**, 1416. – Parcines è nota in campo turistico per il suo clima mite e anche per la sua spettacolare **cascata** di 97 m, la più grande dell'Alto Adige. La Valle del Rio Tel/Zieltal, come anche altre convalli minori, sbocca nella Val Venosta come valle pensile, alta sopra il fondovalle. Durante il disgelo il Rio Tel precipita da questo dislivello offrendo uno spettacolo veramente suggestivo. – Possibilità di **escursioni guidate** e gratuite nel **Parco Naturale Gruppo di Tessa** e nei dintorni. Per informazioni rivolgersi all'Associazione turistica. – La **funivia panormanica Texel** permette di raggiungere con comodità l'Alta Via di Merano e molte nuove mete escursionistiche. Durante la salita al Moncucco/Giggelberg, 1565 m, in poco meno di 5 minuti, potete godere lo splendido panorama sui tremila del Gruppo di Tessa e sulla conca meranese, senza perdere nulla della visuale in quanto la funivia non ha piloni di appoggio.

Passeggiate ed escursioni

Alle cascate del Rio Tel/Zielbach a nord ovest di Parcines, ore 1. – Alla Leiteralm, 1522 m: a nord dell'abitato ci si dirige dapprima in direzione est verso il posto di ristoro Saxner, indi attraverso il bosco all'Alb. Oberplatzer e quindi alla malga, ore 3. – Alta Via di Parcines/Partschinser Höhenweg: parte da Parcines sulla carrozzabile che porta all'Alb. Wasserfall, da lì si procede ad est (sentiero n. 26) fino a Tablà (Alb. Prünster); si continua per un pendio soleggiato (bella vista su Merano) fino al maso Niederhaushof. Da lì si scende per il sentiero n. 7A alla carrozzabile che riconduce a Parcines, ore 3.30 ca. – A Tirolo: da Parcines sul sentiero lungo la roggia/Waalweg in direzione est fino al maso Grasweger e più oltre (sentiero n. 7) al posto di ristoro Saxner e (sentiero n. 26A) fino a Velloi, ore 1.30. Quindi oltre Pirbamegg (sentiero n. 26) e per il bosco a S. Pietro e a Castel Tirolo, ore 2. In altri 20 min. si arriva alla meta. – Al Dosso dei Larici/Larchbühel, 1837 m: dalla frazione di Tel/Töll si seguono o i tornanti della strada oppure si abbrevia il percorso salendo sul pendio fino all'Alb. Niederhof, e continuando (sentiero n. 9) fino all'Alb. Brünnl, ore 1 e a S. Martino, 1267 m. Circa 100 m a monte della cappella il sentiero si biforca; si segue il sentiero n. 9 oltrepassando la Pozza Nera/Schwarze Lacke per giungere alla vetta, totale ore 3. Discesa sul sentiero n. 28 per il Rio Lagundo/Aschbach fin giù all'Adige o con la cabinovia!

Al crepuscolo/Abendstimmung

POSTAL/BURGSTALL FG 2

Comune, Prov. di Bolzano, abitanti: 1860, altezza s.l.m.: 270 m, CAP: 39014. **Informazioni**: Associazione Turistica di Lana e dintorni. **Stazione ferroviaria**: Postal - Lana. **Collegamento autobus**: Merano e Bolzano. **Impianti di risalita**: funivia in loc. Staffler per Verano.

Postal giace nell'avvallamento dell'Adige ai terminali occidentali dell'altopiano di Verano (Salto/Monzoccolo), immersa tra i frutteti ed i vigneti lungo la strada provinciale alle porte di Merano. La località è quasi fusa con il comune limitrofo di Gargazzone (a 2,5 km più a sud) ed è collegata all'antistante Comune di Lana tramite un'ottima strada ed una pista ciclabile. Già in tempi remoti la zona era conosciuta per la ricchezza dei suoi frutteti. Sulla collina nei pressi della chiesa sorgeva l'insediamento originario. Su una vicina sporgenza rocciosa si trovano i resti e le fondamenta del castello di un cavaliere, Volkmar von Burgstall (1280-1343), portati alla luce da recenti scavi. Egli fu uno dei primi governatori del Tirolo.

Curiosità del luogo e dintorni

La **Cappella** eretta nel 1330 dal duca Volkmar von Burgstall, ristrutturata attorno al 1500. – Il campanile a punta e il coro dell'antica **Chiesa dei Tre Re Magi**; vi sono annesse la **Chiesa della S. Croce** (1868) e l'odierna alzata del campanile a punta, voluta dal curato Johann Lun. La pala dei Tre Re Magi custodita nella chiesa, opera del famoso Dill Riemenschneider (pittore alla corte dei vescovi), proviene dall'antica Chiesa dei Tre Re Magi del 1541. – Interessante **Cimitero**.

Passeggiate ed escursioni

Chilometri e chilometri di sentieri in mezzo a fertili frutteti. – Passeggiata Graf Volkmar: verso sud fino alla stazione a valle della funivia di Verano, 2,5 km ca. Punto di partenza: chiesa parrocchiale. – A Merano, Maia Alta: dalla chiesa parrocchiale per la passeggiata Graf Volkmar verso nord, indi al posto di ristoro Mitterwalder, poi passando per Castel del Gatto/Schloss Katzenstein, sentiero n. 1, ore 2.30. – A Merano, Maia Alta, sui sentieri n. 1A e 1 e ad ovest di Castel Verruca/Schloss Fragsburg, totale ore 2.30. – A Verano salendo per il sentiero Sunnseitnsteig passando oltre il maso Stegerhof, ore 2.30. – Dalla chiesa parrocchiale verso nord al posto di ristoro Wiesler, 563 m, 30 min. – Al Comune limitrofo di Gargazzone, salendo verso sud fin quasi allo Stegerhof (900 m ca.), da lì in discesa verso sud per Morosino/Morosing, ore 3.30. – Sul M. Pietrarossa/Rotensteinkogel, 1464 m: sul sentiero n. 1A verso nord fino all'incrocio con il sentiero n. 1; da lì in direzione sud-est fino alla croce presso l'Hütterhof, ore 1.45; indi per i sentieri n. 11 e 14 alla cima, dal versante nord est, 1.30 ore. Sulla cima si trova il cosiddetto «Knottnkino», realizzato nel 2000 dall'artista Franz Messner. Oltre 30 sedie in acciaio e legno di castagno che ricordano l'ambiente di una vecchio cinema, site su uno sperone roccioso che i sudtirolesi chiamano «Knottn». Dopo aver preso posto si può ammirare il «film»: un panorama mozzafiato che contempla tutta la Valle dell'Adige, il Penegal, le Dolomiti, il Corno Bianco, la Val d'Ultimo, il gruppo di Tessa, la conca meranese e la Val Passiria.

S. PANCRAZIO/ST. PANKRAZ CD 3

Comune, Prov. di Bolzano, abitanti: 1550, altezza s.l.m.: 730 m, CAP: 39010. **Informazioni:** Associazione Turistica Val d'Ultimo - Proves/Associazione Turistica Alta Val di Non. **Stazione ferroviaria:** Lana - Postal (14 km). **Collegamento autobus:** Merano e Val d'Ultimo.

Il Comune di S. Pancrazio è il centro più grande della bassa Val d'Ultimo. La Valle di Valcomai/Kirchbachtal bagnata dal Rio Chiesa/Kirchbach e la Val Marano confluiscono qui nella valle principale. Prati e magnifici boschi punteggiati da antichi masi rurali caratterizzano questo paesaggio idilliaco. Gli alpinisti e gli escursionisti trovano qui un'ampia scelta di passeggiate e fantastiche escursioni anche in alta montagna.

Curiosità del luogo e dintorni

La **Parrocchiale di S. Pancrazio**, la più antica della valle, fu costruita nell'anno 1000 e ristrutturata nel 1338. Nell'XI sec. fu proprietà dell'Abbazia di Weingarten presso Ratisbona/Ravensburg. Sul campanile di 56 m si trovano cornicioni in pietra, un interessante quadrante e l'insegna dei conti Trapp. – In paese vale la pena di andare a vedere la «**Häusl am Stoan**», una piccola casetta su un gigantesco masso che nel 1882 fu l'unica a resistere ad un forte maltempo e che ora rappresenta uno dei più singolari monumenti dell'arco alpino. – La **Cappella di S. Sebastiano** a due piani, XIV sec. – **Castello Eschenlohe**, antica sede giudiziaria, castello avito degli omonimi conti. – Il **sentiero «Ultner Naturlehrpfad»** porta dal villaggio al castello. – La frazione di **S. Elena** nelle immediate vicinanze con un'antichissima **cappella**. – **Bagni Termali** di **Bagni di Mezzo.**

Passeggiate ed escursioni

A Bagni di Mezzo attraverso la Val Marano/Marauntal, ore 2. – Al Passo Castrin/Hofmahdjoch, 1785 m: attraverso Bagni di Mezzo, per il Maso Luco/Laugenhof, 1327 m, e Aalach sul sentiero n. 8 al passo, ore 3. – Alla Malga Guggenberger Alpl, 1705 m: lungo la carrozzabile che porta a Castel Eschenlohe, sentieri n. 2A e 2 per Gruben e per Ecker alla malga, ore 2. Ascensione al Colle Scabro/Rauher Bühel, 2027 m, in altri 45 min. (solo per esperti). – A S. Elena, 1532 m, in direzione sud ovest, sentiero n. 5, ore 2. – Alla Malga di Valcomai di Dentro/Inner-Falkomai Alm, 2051 m, e ai Tre Laghi: attraverso la Valle di Valcomai/Kirchbachtal alla malga, sentieri n. 3 e 3A, indi sul sentiero n. 8 ai laghi, ore 5-6. – Al Giogo Alto/Naturnser Hochjoch, 2443 m: in direzione ovest sul sentiero n. 3 al maso Bachmann e poi sul sentiero n. 6, verso nord, alla Malga Scaglioni/Staffler Alm, 1875 m. Si prosegue ad est sul sentiero n. 1 fino al sentiero n. 9 che si segue verso ovest fino alla cima, ore 5 ca. (solo per esperti). Variante per il ritorno: sul sentiero n. 1 fin poco prima della Malga di Valcomai di Fuori/Außer-Falkomai Alm e lungo la Valle di Valcomai/Kirchbachtal, sentiero n. 3, al punto di partenza. – Al M. Luco Grande, 2434 m: a) attraversato il Rio Valsura presso l'Alb. Rössl si segue il sentiero n. 1 fino a Roan; da lì sul sentiero n. 25 alla Forcella di Plazzoles/Platzerer Jöchl, 1519 m; sul sentiero n. 10 si passa ad ovest del M. di Dentro/Innerberg indi sul ripido sentierino n. 8A, oltrepassando il lago Laugensee, alla cima, ore 4.30 (solo per esperti); b) da Bagni di Mezzo sui sentieri n. 8 e 8A per la Malga Luco/Laugneralm, 1748 m, al Laugenjöchl, 2050 m, e sul sentiero n. 8A alla cima, ore 4.

TESIMO/TISENS F 3

Comune, Prov. di Bolzano, abitanti: 1900, altezza s.l.m.: 634 m, CAP: 39010. **Informazioni**: Associazione Turistica di Tesimo – Prissiano. **Stazione ferroviaria**: Vilpiano (6 km). **Collegamento autobus:** Fondo e Merano.

Tesimo e le frazioni di Prissiano, Grissiano, Narano/Naraun, Caprile/Gfrill, Ciornàgo/Schernag e Plazzoles/Platzers si estendono in magnifica posizione tra frutteti e castagneti sul pendio orientale di mezza montagna. La zona attorno a questi nuclei era già abitata durante l'età del Bronzo. Dai documenti risulta che nel 590 d.C. un impianto difensivo longobardo, chiamato Tesana, venne distrutto dai Franchi. Nel 1902 venne alla luce la tomba di un guerriero germanico del VI sec. Nel Medioevo molti conventi erano proprietari di terreni in questa zona. Da Tesimo passa la strada per il Passo Palade, 1518 m, che porta ai comuni tedeschi dell'Alta Val di Non.

Curiosità del luogo e dintorni

La **Parrocchiale dell'Assunta**, menzionata nel 1194, ristrutturata nel 1521; campanile romanico ancora intatto, successivamente coperto con un tetto a cupola; all'interno pregevoli pitture su vetro, provenienti da Augusta, emblema dei fondatori, XVI sec. – La **Chiesetta di S. Ippolito**, costruita nel 1340, e definita l'«Acropoli di Tesimo». Conserva la campana più antica (1556) della parrocchia. Favolosa vista su 20 località e 40 castelli del Burgraviato, luogo di ritrovamenti preistorici. – La **Cappella di S. Michele**, con affreschi tardogotici; nel piano inferiore cripta con teschi ed ossa. – A **Grissiano**: **Chiesa di S. Giacomo** con affreschi del XII sec. – A **Caprile**: la **Zwingenburg**, – A **Prissiano**: i **Castelli Valle/Fahlburg, S. Erasmo/Wehrburg** e **Greifenegg**, i **ruderi di Castel Casaccia/Kasatsch** e **Castel Gatto/Schloss Katzenzungen**, con la più grande vite d'Europa. Il suo vino viene imbottigliato al castello, con certificato d'origine.

Passeggiate

A Foiana/Völlan per la Chiesetta di S. Ippolito lungo i sentieri n. 5A e 8, ore 1.30. – A Castel Valle/Fahlburg presso Prissiano e a Vilpiano: a sud dei castelli Valle e Pfeffer-

Il Castel Valle a Prissiano/Die Fahlburg in Prissian

sburg per il sentiero n. 2, poi attraverso frutteti e vigneti in discesa all'Adige e a Vilpiano, ore 1.30. – A Plazzoles per il sentiero n. 4: per la strada del Passo Palade ai masi Ulpmer e Witmayr e da lì in direzione sud a Plazzoles di Sotto/Unterplatzers e Plazzoles, ore 1.45. Si prosegue per Caprile e si ritorna per il sentiero n. 13 attraverso Prissiano a Tesimo, totale ore 4.

ULTIMO/ULTEN AB 4

Comune, Prov. di Bolzano, abitanti: 2870, altezza s.l.m.: 1192 m, CAP: 39016. **Informazioni**: Associazione Turistica Val d'Ultimo - Proves. **Stazione ferroviaria**: Merano (28 km) o Lana - Postal (19 km). **Collegamento autobus:** Merano - S. Pancrazio - S. Valburga - S. Gertrude.

S. Valburga è il capoluogo e la sede del Comune di Ultimo che comprende tutta la Val d'Ultimo superiore con le frazioni di S. Nicolò e S. Gertrude. La ridente località si estende su un gradino vallivo dal quale si gode una vista meravigliosa sul Lago di Zoccolo e sulle montagne circostanti fino ai ghiacciai dei terminali dell'Ortles. Estesi boschi e vasti pascoli alpini coprono i pendii circostanti. Protetta dai venti del nord, la valle presenta un clima mite e salutare che attirò ivi coloni fin dai tempi più antichi, dapprima i Goti, attorno al 600, e in seguito i Baiuvari. Nel Medioevo gli insediamenti erano feudi dell'Abbazia di Weingarten presso Ratisbona/Ravensburg che li cedette ai contadini. Ancora oggi alcuni masi, quali il Breitenberghof, il Marsonhof ed il Kuppelwieserhof, ricordano gli antichi possessori di allodi.

Curiosità del luogo e dintorni

A **S. Valburga**, centro principale della valle, si trova la **Parrocchiale di S. Valburga** menzionata per la prima volta nel 1338, indi più volte ampliata e modificata: altare a portelle neogotiche con interessanti figure. Il cimitero si adagia su alcune terrazze che attorniano la chiesa. – La **frazione di S. Nicolò** con l'omonima **Parrocchiale** ed il **Turnerhof** (torre medioevale con misteriosi motivi in pietra sul muro). – Il **Museo della Valle/Talmuseum** illustra i popoli e la vita nella Val d'Ultimo. – La **frazione di S. Gertrude** con l'omonima **Parrocchiale** alla chiusa della valle, splendidi panorami sulla valle. La località è un punto di partenza ideale per numerose escursioni in montagna! Per poter scoprire lo

Larcherrast con il Sasso, 2542 m/Larcherrast mit Peilstein, 2542 m

Il Lago di Zoccolo/Der Zoggler Stausee

splendido paesaggio naturale del **Parco Nazionale dello Stelvio** potete salire anche per la strada fino al Lago Fontana Bianca, 1872 m, o visitare il **Centro Visite «Lahnersäge»**, interessante centro informativo sul parco. – Poco prima di arrivare nel centro del paese, inoltre, **larici plurisecolari**, se non addirittura plurimillenari, alti fino a 28 m, attendono di essere ammirati! – Le **dighe** del fondovalle.

Vedasi anche la carta KOMPASS limitrofa n. 052 «Ultental/Val d'Ultimo».

Itinerari tematici nella Val d'Ultimo

Alter Weißbrunnweg, vecchio sentiero della chiesa, ben segnato e ben segnalato. Punto di partenza: la Chiesa di S. Gertrude. Durata: ore 3.30; dislivello: 600 m; percorso complessivo: 9,7 km. – Burgstallweg, Sulle tracce della preistoria, ben segnato e segnalato. Punto di partenza: Gasthof Edelweiß a S. Gertrude. Durata: ore 5; dislivello: 950 m; percorso complessivo: 11,6 km. – Glazialweg, il sentiero glaciologico porta al «mulino di ghiaccio» nella Valle di Valcomai/Kirchbergtal. Punto di partenza: Chiesa di S. Gertrude. Durata: ore 5; dislivello: 950 m; percorso complessivo: 13,7 km. – Via Crucis/Kreuzweg, segnavia rosso-bianco. Interessante sentiero dal punto di vista paesaggistico, storico e culturale, con motivi religiosi. Durata: ore 2.45; dislivello: 500 m; percorso complessivo: 7 km. – Sentiero lungolago/Seeweg, segnavia rosso-bianco. Punto di partenza: S. Valburga, loc. Innerdorf. Sentiero per lo più pianeggiante intorno al Lago di Zoccolo. Durata: ore 3; dislivello: 140 m; percorso complessivo: 11,3 km. – Sunnenseitnweg, segnavia rosso-bianco. Bel sentiero in quota, sopra S. Valburga, che percorre buona parte della Val d'Ultimo. Durata: ore 5; dislivello: 550 m; percorso complessivo: 17,2 km. – Ultner Höfeweg, segnavia rosso-bianco. Interessante percorso, sia dal punto di vista paesaggistico che storico-culturale, che collega vari masi della Val d'Ultimo. Punto di partenza: Pracupola/Kuppelwies, passando per antichi masi contadini ed il Museo della Valle a S. Nicola. Durata: ore 5; dislivello: 440 m; percorso complessivo: 17,9 km. – Ultner Talweg, segnavia rosso-bianco. Punto di partenza: S. Pancrazio. Il sentiero nella Val d'Ultimo si snoda sul fianco solatio attraverso il bosco, oltrepassando vari masi solitari. Begli scorci sulla valle. Durata: ore 7; dislivello: 920 m; percorso complessivo: 23,7 km.

Passeggiate ed escursioni

Da S. Valburga: Numerose varianti per S. Maurizio e S. Nicolò. Proposta: sul sentiero n. 4 fino al Moarbichl e più avanti al maso Marson, da lì si segue la strada e dopo aver attraversato il Rio di Pracupola/Schmiedhofer Bach si volge a sinistra e si arriva per S. Maurizio a S. Nicolò, ore 4 ca. – Alla Malga Valcomai di Dentro/Inner-Falkomai Alm, 2051 m: in direzione nord all'abitato di Dura di Dentro/Innerdurach, indi a destra lungo la carrozzabile fino al bivio con il sentiero n. 1, lo si segue a sinistra lungo il pendio fino alla cresta e in discesa alla malga, ore 2.30. – Escursione in quota lungo i pendii settentrionali della Vedetta Alta/Ultner Hochwart: sul sentiero n. 22 alla Malga di Punta/Spitzenalm, 1850 m, ore 1.45. Quindi verso ovest lungo il margine del bosco alla Pfandlalm, 1838 m, e più avanti alla Seegrubenalm, 1916 m, sentiero n. 23, ore 1.30. Sul sentiero n. 20 si prosegue fino al Lago di Zoccolo e da lì lungo la riva a S. Valburga, totale ore 5.30. – Al monte di S. Valburga, il Sasso/Peilstein, 2542 m: per Giglirno/Gigglhirn e la Malga Marcenella/Marschnellalm, 2212 m, seguendo il sentiero n. 10, ore 3.30 (media difficoltà). – Dal Sasso si prosegue al M. dei Romici/Rontscher Berg, 2711 m, sentiero n. 7, ore 2. Dalla cima ai Laghi del Covolo/Kofelrastseen e sul sentiero n. 4A si torna per la Larchbergsäge a valle e a S. Valburga, totale ore 8.

Da S. Nicolò: Ultner Höfeweg: a S. Gertrude per i masi Gasteig e Oberkropfen, ore 1.30. – Alla Seefeldalm, 2109 m, attraverso la bella Val di Lavace/Auerbergtal, sentiero n. 18, ore 2.15. – Escursione in quota all'Orecchia di Lepre/Hasenöhrl, 3257 m, per lo Steinberg, 2335 m, e il M. Rotto/Getristeter Stein, 2960 m, sentiero n. 14, ore 5.30. – Alla Cima degli Olmi/Ilmenspitze, 2657 m, per la Seefeldalm, 2109 m, sentiero n. 18, ore 4 (solo per esperti).

Da S. Gertrude: Al Lago di Fontana Bianca/Weißbrunnsee, 1872 m, per i sentieri n. 107 e 101, ore 1.45. – Alla Malga Äußere Pilsbergalm, 2128 m, sui sentieri n. 140 e 142, ore 1.45; ritorno per il maso Innere Pilsbergalm, 2084 m, sentieri n. 12 e 102, e il Lago di Fontana Bianca, sentiero n. 140, ore 2. – Al Rif. U. Canziani/Grünsee-Höchster-Hütte, 2561 m, sui sentieri n. 107, 103 e 140, ore 3.30. – Al Flimjoch, 2896 m, sentiero n. 143 per le malghe Vordere Flatschbergalm e Hintere Flatschbergalm alla cima, ore 3.30 (media difficoltà). – Al Passo di Soi/Soyscharte, 2887 m, per la malga Äußere Pilsbergalm, 2128 m, sentieri n. 140 e 142, ore 3.30 (media difficoltà).

VERANO/VÖRAN G 2

Comune, Prov. di Bolzano, abitanti: 940, altezza s.l.m.: 1129 m, CAP: 39010. **Informazioni**: Associazione Turistica di Avelengo - Verano - Merano 2000. **Stazione ferroviaria**: Lana - Postal. **Collegamento autobus**: Verano - Avelengo - Merano. **Impianti di risalita**: funivia Postal/in loc. Staffler - Verano.

Il Comune di Verano costituisce il confine del Burgraviato sulla terrazza a mezza montagna del Salto, o Monzoccolo/Tschögglberg, costituito da quattro Comuni. È collegato con la Valle dell'Adige tramite la funivia Postal/in loc. Staffler e le strade Merano - Avelengo o Terlano - Meltina. Il toponimo «Feran» compare già tra l'800 ed il 1000 d.C. Il paesaggio attorno alla località, tra meravigliosi prati alpini e dolci declivi, è una delle méte preferite dai turisti meranesi e bolzanini.

Curiosità del luogo e dintorni

La **Chiesa**, costruita nel 1330 quale chiesa curaziale, con porte ogivali tardogotiche. Le finestre ad arco ribassato e le volte a botte provengono da una ristrutturazione avvenuta nel periodo barocco. – Interessanti **tetti di paglia** su alcuni fienili del Monzoccolo, testimoni di insediamenti baiuvari. – Singolari e vistose sono le **tre Pietre Rosse** (Rotensteinkogel, Beimsteinkogel e Untersteinkogel), tufi tondeggianti da cui si gode uno splendido panorama! – Sul **M. Pietrarossa/Rotensteinkogel**, 1464 m, dove si trova il

Lo stupendo panorama dal «Knottnkino» verso Gruppo di Tessa, Penegal e Corno Bianco
Das Knottnkino bietet eine herrliche Aussicht auf Texelgruppe, Penegal und Weißhorn

cosiddetto «**Knottnkino**», realizzato nel 2000 dall'artista Franz Messner. Oltre 30 sedie in acciaio e legno di castagno che ricordano l'ambiente di una vecchio cinema, site su uno sperone roccioso che i sudtirolesi chiamano «Knottn». Dopo aver preso posto si può ammirare il «film»: un panorama mozzafiato che contempla tutta la Valle dell'Adige, il Penegal, le Dolomiti, il Corno Bianco, la Val d'Ultimo, il gruppo di Tessa, la conca meranese e la Val Passiria.

Passeggiate ed escursioni

A Salonetto: sul sentiero n. 13 dapprima in direzione est superando il Rio Eschio/Aschler Bach, quindi in direzione sud passando per S. Ulrico, sentiero 15 e 15B, ore 2. – A Meltina: in direzione est sul sentiero n. 1 per l'Alb. Grüner Baum fino ad Eschio; da lì (segnavie 14) attraverso il bosco fino a Meltina, ore 1.30. Ritorno sul sentiero n. 13 a Verano, totale ore 3. – A Merano per il sentiero n. 1: oltrepassando numerosi masi fino al Rio Sinigo/Sinichbach, ore 1.30; al di là del rio si segue la carrozzabile fino al Castel del Gatto/Katzenstein e a Maia Alta, ore 2.30. – A Gargazzone si scende per il sentiero n. 4, ore 1.30. – Al Giogo della Croce/Kreuzjoch, 2086 m: sul sentiero n. 1 all'Albergo Grüner Baum e sul sentiero n. 16 si continua fino alla Leadner Alm, 1514 m, ore 1.15; da lì in direzione est per il sentiero n. 11 al Giogo dei Prati/Auener Joch, 1924 m, e da lì per il sentiero n. 4 verso nord alla vetta, totale 3 ore, facile. Discesa: per il fianco occidentale sul sentiero n. 5 alla Malga di Verano/Vöraner Alm, 1873 m; da lì si può facilmente fare una puntatina sul Giogo di Verano/Vöraner Joch, 1941 m; ritorno a Verano per i sentieri n. 11A e 11 passando per la Leadner Alm. – Percorso circolare sul Monzoccolo/ Tschögglberg: dal Gasthof Grüner Baum di mattina con il bus per Avelengo a Falzeben, 1609 m, salita (o in funivia) all'Alb. alpino Piffinger Köpfl, 1980 m, indi per il sentiero n. 3 alla malga Weidmannalm e per il sentiero n. 18A alla Kirchsteigeralm, poi al Rif. Merano e sull'E5 (sentiero n. 4) al Giogo dei Prati/Auener Joch, 1924 m; discesa per il sentiero n. 2 alla malga di Verano, 1873 m, indi per i sentieri n. 2A,11A e 11 oltre la malga Leadner, 1514 m, all'Alb. Grüner Baum (sentiero n. 16); in totale ore 4-4.30.

Verzeichnis der Tourismusvereine/Elenco delle Associazioni Turistiche

	Tel.	Fax
Burgstall/Postal	0473/56 17 70	0473/56 19 79
Gargazon/Gargazzone	0473/56 17 70	0473/56 19 79
Hafling/Avelengo	0473/27 94 57	0473/27 95 40
Lana/Lana	0473/56 17 70	0473/56 19 79
Marling/Marlengo	0473/44 71 47	0473/22 17 75
Meran/Merano	0473/27 20 00 + 20 04 43	0473/23 55 24 + 20 01 88
Mölten/Meltina	0471/66 82 82	0471/66 82 82
Nals/Nalles	0471/67 86 19	0471/67 81 41
Partschins/Parcines	0473/96 71 57	0473/96 77 98
St. Pankraz/S. Pancrazio	0473/79 53 87	0473/79 50 49
Tisens/Tesimo	0473/92 08 22	0473/92 10 10
Tscherms/Cermes	0473/56 17 70	0473/56 19 79
Ulten/Ultimo	0473/79 53 87	0473/79 50 49
Vöran/Verano	0473/27 94 57	0473/27 95 40

Tourismusverband Meraner Land/Marketinggesellschaft Meran, Gampenstraße 95, 39012 Meran, Italien • Telefon: 0473/20 04 43, Fax: 0473/20 01 88

Consorzio Turistico Meraner Land/Merano Marketing, Via Palade 95, 39012 Merano, Italia • Telefono: 0473/20 04 43, Fax: 0473/20 01 88, info@meranerland.com · www.meranerland.com

Alle Angaben ohne Gewähr! • Informazioni non garantite!

Wichtige Information für Karte und Führer!
Alle Angaben und Routenbeschreibungen wurden nach bestem Wissen gemäß unserer derzeitigen Informationslage gemacht. Die Wanderungen wurden sehr sorgfältig ausgewählt und beschrieben, Schwierigkeiten werden im Text kurz angegeben. Es können jedoch Änderungen an Wegen und im aktuellen Naturzustand eintreten. Wanderer und alle Kartenbenützer müssen darauf achten, dass aufgrund ständiger Veränderungen die Wegzustände bezüglich Begehbarkeit sich nicht mit den Angaben in der Karte decken müssen. Bei der großen Fülle des bearbeiteten Materials sind daher vereinzelte Fehler und Unstimmigkeiten nicht vermeidbar. Die Verwendung dieses Führers erfolgt ausschließlich auf eigenes Risiko und auf eigene Gefahr, somit eigenverantwortlich. Eine Haftung für etwaige Unfälle oder Schäden jeder Art wird daher nicht übernommen.

Attenzione! Informazioni importanti riguardanti carta e guida!
Tutte le indicazioni e le descrizioni degli itinerari riportate sulla carta e sulla guida sono state redatte con il massimo scrupolo in base alle informazioni pervenuteci entro la chiusura redazionale dell'ultimo aggiornamento. Le escursioni descritte sono state selezionate con la massima accuratezza, presentando nel testo anche i vari gradi di difficoltà. Teniamo a precisare che, data la quantità dei particolari, non si possono escludere a priori eventuali divergenze nella realtà riguardanti lo stato ed il tracciato dei sentieri rispetto alla rappresentazione sulla carta o alla descrizione sulla guida o altri cambiamenti imprevedibili. Gli escursionisti e chiunque utilizzi il nostro materiale deve dunque tener presente che la percorribilità dei sentieri non coincide necessariamente con le indicazioni riportate. L'utilizzo della guida e della carta è esclusivamente a proprio rischio e pericolo. L'Istituto Cartografico KOMPASS-Karten GmbH declina qualsiasi responsabilità per incidenti o danni subiti di qualsivoglia natura.